MW01709585

Afin de vous informer de toutes ses publications, **marabout** édite des catalogues régulièrement mis à jour. Vous pouvez les obtenir gracieusement auprès de votre libraire habituel.

Dr Arnold BRAND

GAGNEZ DU TEMPS

MARABOUT

A Julien, Thibault, Arnold

L'intégralité des droits de l'auteur sera versée à des œuvres caritatives :

- Restaurants du Cœur
- Armée du Salut
- Petites sœurs des pauvres
- Mécénat de chirurgie cardiaque
  (opérations cardiaques d'enfants démunis et atteints de malformations congénitales)

ainsi qu'à des organismes de recherche contre le cancer.

© 1998, **Marabout**, Alleur (Belgique).

Toute reproduction d'un extrait quelconque de ce livre par quelque procédé que ce soit, et notamment par photocopie ou microfilm, est interdite sans autorisation écrite de l'éditeur.

Sommaire

Introduction

Ce livre ne vous apprendra pas à changer votre vie. Ce serait prétentieux et trompeur. Car vous, SEUL, pouvez le faire. Ce livre peut, un peu, vous aider à le faire.

Votre patron, vos collègues prennent sur votre temps. Vous-même, vous vous gâchez votre temps. Alors ?

Savoir gagner du temps est essentiel.

Et avec le temps gagné, je fais quoi ? Mais « du bon temps » !

Vous l'avez bien gagné !

- **Jean de La Bruyère :**

« *Ceux qui exploitent mal leur temps sont les premiers à se plaindre de sa brièveté.* »

(*Caractères*)

- **Voltaire** :

« *Rien n'est plus long que le temps puisqu'il est la mesure de l'éternité. Rien n'est plus court puisqu'il manque à tous nos projets. Rien n'est plus lent pour qui attend. Rien n'est plus rapide pour qui jouit. Il s'étend jusqu'à l'infini en petit. Tous les hommes le négligent. Tous en regrettent la perte. Rien ne se fait sans lui. Il fait oublier tout ce qui est indigne de la postérité et il immortalise les grandes choses.* »

(*Zadig*)

POUR GAGNER DU TEMPS

Quelques définitions des mots les plus employés dans ce livre

Mots à définir...	Définitions	Pages
• ANTICIPER	Réfléchir puis faire une chose à l'avance.	Page 26
• COHÉRENCE	Liaison, rapport étroit d'éléments (d'idées) qui s'accordent entre eux.	Page 59
• COURT TERME	De quelques mois à un an.	Page 57
• DÉLÉGUER	Transférer tout ou une partie d'une responsabilité, d'un pouvoir, à quelqu'un.	Page 26
• DOMINANT	Qui a la maîtrise de lui-même (et non pas ici dans le sens de celui qui a le pouvoir sur).	Page 17
• DOMINÉ	Qui n'arrive pas à avoir la maîtrise de lui-même.	Page 16
• GAGNANT	Qui réussit, qui tire avantage d'une situation.	Page 17
• GÉRER	Faire face à une situation, à un problème.	Page 26
• IMPORTANT	Qui a une valeur, un rôle considérable, de grandes conséquences.	Page 43
• LONG TERME	Plus de 5 ans.	Page 57
• MOYEN TERME	De 1 à 5 ans.	Page 57

Mots à définir...	Définitions	Pages
• **OBJECTIF**	But que l'on se fixe et que l'on cherche à atteindre en un temps donné.	Page 57
• **OPTIMISATION**	Qui donne les meilleures conditions de fonctionnement, de rendement.	Page 11
• **PERDANT**	Qui échoue, qui ne tire pas un avantage d'une situation.	Page 17
• **PLANIFIER**	Programmer dans le temps les différents objectifs et actions déterminés.	Page 26
• **QUALITATIF**	Qui a rapport avec la manière d'être, avec l'aspect non mesurable des choses.	Page 15
• **QUANTITATIF**	Concerne une quantité, une mesure.	Page 15
• **TEMPS**	Période durant laquelle se succèdent des événements depuis le passé jusqu'au présent et en allant vers le futur.	Page 10
• **URGENT**	Qui nécessite d'agir de suite.	Page 43
• **VALEUR**	Ce qui est bien, estimable, qui sert de référence pour un individu, pour la société.	Page 56
• **VALORISER**	Donner de la valeur à quelqu'un, quelque chose.	Page 41

Le Temps

C'est la période durant laquelle se succèdent des événements depuis le passé jusqu'au présent et en allant vers le futur. Ces événements composent votre vie, celle de vos proches. Ils composent le monde. Depuis que le monde est monde, les hommes ont toujours rêvé de contrôler le temps, d'en avoir la maîtrise, car contrôler le temps, c'est avoir du pouvoir, mais aussi **acquérir sérénité et motivation**.

Perdre du temps engendre frustration, culpabilisation de soi-même et des autres. Agir sur son temps en contrôlant les événements comme sur un tableau de bord, c'est « être aux commandes » de sa vie, c'est « **piloter sa vie** ».

Le Temps : l'inéluctable et l'injuste

Sans vouloir être morbides, mais plutôt lucides et sereins, prenons le temps de nous promener dans un cimetière.

Au hasard, la plaque de la famille Lecat avec son défilé des générations :

- Ernest (1802-1858) ➩ Arrière-grand-père 56 ans de vie
- René (1836-1882) ➩ Grand-père 46 ans de vie
- Jean-Louis (1862-1930) ➩ Père 68 ans de vie
- Jules (1900-1980) ➩ Fils 80 ans de vie
- Pierre (1935-…) ➩ Petit-fils

L'année de fin de vie du petit-fils n'est pas inscrite, elle est sans doute proche et surtout inéluctable. Plus nous avançons dans la vie, plus nous sentons comme une accélération du temps. Et nous nous disons : « Mon Dieu ! comme le temps passe ! » ou « plus on vieillit, plus le temps passe vite ! »

C'est inéluctable et c'est aussi injuste car la quantité de temps d'une vie est plus importante que celle d'une autre ou moins, c'est selon, nous avons été programmés biologiquement et nous n'y pouvons rien.

Certes, nous partons tous en position inégale, mais ce qui nous rend un peu plus égaux, c'est le fait que pour chacun d'entre nous, même si nous avons un nombre inégal d'années à vivre, durant les 60-70-80 années que nous avons tous à vivre, nous disposons du **même capital temps**.

Et il ne dépend que de NOUS d'optimiser, ou non, ou mal, la journée de 24 heures qui nous attend, le mois de 30 jours, l'année de 365 jours, les 80 années de 29 200 jours !

Il ne dépend que de nous de réparer cette injustice de départ en gagnant quantitativement du temps dans l'espace de vie qui est le nôtre et surtout en gagnant en QUALITÉ de vie. Et puis… l'espérance de vie s'allonge chaque année.

Alors !

Le temps : le paradoxe

Nous avons tous plus de temps devant nous mais aussi pour nous, avec les robots qui nous en font gagner ! Mais — grand paradoxe — plus nous en avons, moins nous avons l'impression d'en avoir. Les «*j'ai pas le temps*», «*Ah ! Si j'avais le temps*» fleurissent un peu partout.

Avec l'impression d'être dans un **cercle vicieux**, sans comprendre véritablement pourquoi :

Je ne comprends pas ⇓	
Je gagne de plus en plus de temps grâce à mes « robots de temps » ⇓	• Je me déplace vite (T.G.V., avions…) • Je communique vite (fax…) • Je travaille vite (ordinateur…) • Je planifie vite (agenda, planning…)
Mais je manque de plus en plus de temps !	

Et je ne vois pas comment je vais m'en sortir ! Car j'ai l'impression d'être perpétuellement pris en **sandwich** entre les « robots » qui me font gagner du temps et « les autres » (patron, collègues, téléphone, pub...) qui m'en font perdre.

Le Temps : le gâchis

Le temps, personne ne nous a appris à le gérer : pas plus au lycée, à la fac qu'en entreprise. Là est le vrai scandale et le vrai **gâchis** : quand nous pensons que plus de 50 % des salariés reconnaissent qu'ils sont stressés par leur travail et surtout par l'impression de ne pas maîtriser leur temps et de perpétuellement courir après, d'être en manque. Avec, à la clef :

- troubles cardiaques, nerveux, gastriques,
- manque de sommeil, d'appétit.

Combien de millions d'heures de vie gâchées ! et surtout quelles démotivations, perte de confiance en nous-même, alors que nous pourrions tellement faire mieux !

Le temps : c'est de l'argent

En un sens oui, et en poussant le raisonnement jusqu'au bout, si tout a un prix, vous en avez un aussi. Car, sur le « marché du travail », votre heure de vie professionnelle vaut tant. Combien ? On vous emploie au minimum à 6 000 F par mois (SMIC + charges sociales), c'est-à-dire en gros pour 160 heures de travail. Vous « valez » donc 40 F de l'heure, c'est-à-dire que vous échangez une heure de votre vie contre 40 F et donc une partie d'un jour de votre vie (8 heures) contre au minimum 320 F, couramment 500 (voire 2 500 - 5 000 F !).

Mais fort heureusement, votre heure de vie vaut plus que ces **40 Francs**, qui représentent l'aspect matériel des choses.

Car vous êtes capable en un minimum d'heures d'avoir une idée remarquable, trouver un nouveau produit, créer un chef-d'œuvre et donc apporter une plus-value fantastique à ces 40 Francs.

En fait, votre heure, votre jour,
votre vie n'a pas de prix.

Le Temps : de l'AVOIR ?

Avoir du temps ou gagner du temps ne peut être un objectif en soi. Nous ne gagnons pas du temps pour gagner du temps. C'est un moyen ! Ne confondons donc pas objectif et moyen. En fait, il faut arriver à gagner du temps pour faire quelque chose d'autre, en plus, de différent.

Ce gain de temps, moyen **quantitatif**, ouvre la porte fabuleuse à l'objectif **qualitatif** qui est de faire plus ce que nous avons envie de faire pour être plus heureux : notre objectif à long terme, notre objectif de vie. Le temps n'est donc pas de l'avoir.

Le Temps : de l'ÊTRE

Le temps, c'est de l'être ! Car avoir du temps, c'est EXISTER, c'est avoir enfin du temps pour SOI pour faire tout ce que nous avons envie de faire et que nous n'arrivons plus à faire en « temps normal ».

Manquer de temps : courir toujours après le temps dans sa vie de tous les jours, c'est finir par se dire :

• « **Vivement le week-end** » **:** mais souvent le week-end, ce sont les dossiers en retard, les réponses au courrier… ! Alors,

• « **Vivement les vacances** » : oui, mais cinq semaines dans l'année, c'est si peu ! Alors il n'y a plus qu'une solution…

• « **Vivement la retraite** » **:** là, vraiment, j'aurai le temps pour **moi** pour faire ce que je voulais faire depuis longtemps et que je n'ai jamais pu faire (soi-disant) (les voyages, l'écriture, la fac) ; en un mot : ÊTRE et ME RÉALISER.

Mais doit-on se résoudre à passer 80 % de sa vie à ne pas être, et à attendre les 20 % autres ?

Sûrement non ! Car c'est insupportable de se dire :

je suis dans ma période de vie (surtout 20-60 ans) dans laquelle j'ai tous les moyens physiques et intellectuels de me réaliser, d'être, et pourtant je n'y arrive pas ou mal, et il va falloir que j'attende 20, 30 ou 40 ans pour me réaliser pleinement à un âge de ma vie où mes moyens physiques et intellectuels risquent de décliner.

C'est insupportable de se dire : j'ai tous les moyens d'être MAÎTRE de moi mais je n'y arrive pas. Il va falloir que j'attende d'avoir tout le temps pour moi pour être enfin maître de moi-même mais, à ce moment-là, y arriverai-je vraiment ? Et si oui, pour combien de temps ?

C'est enfin insupportable de se dire : je ne suis pas capable de **dominer** cette situation car le manque de temps ne me le permet pas… En un mot, d'être dominé par le temps.

Cette notion de **dominé** par le temps devient particulièrement évidente à nos yeux quand nous sommes forcés à l'inaction par la privation de liberté, la maladie, car l'action est alors synonyme d'existence, donc de vie, de maîtrise des choses et du temps, et l'inaction est synonyme de non-existence, de domination par le temps.

To be or not to be ?
Dominant ou dominé ?

C'est pas moi, c'est l'autre !
Toute la question est là !

Tant que nous nous disons : « *Je n'y arrive pas parce*

que je manque de temps », nous sommes en position de DOMINÉ, NON-RESPONSABLE, NON-ADULTE.

Dominé par deux petites aiguilles qui dansent. Dominé du matin au soir par toutes les « horloges » (réveil, montre, télé, radio…) ; c'est la position classique de l'enfant :

- « *C'est pas ma faute.* »
- « *C'est pas moi, c'est lui.* »

Et en fait, au fond de nous-mêmes, nous savons bien que « le manque de temps » n'est qu'une fausse excuse et que le vrai responsable, c'est nous !

Nous sommes DOMINÉS par le temps, pas en accord avec nous-mêmes, nous nous culpabilisons de l'être et nous ne nous en sortons pas : nous sommes **PERDANTS**, donc encore plus dominés.

1. Dominé par le temps

⇓

2. Pas en accord avec moi-même

⇓

3. Culpabilisation de moi-même

⇓

4. **PERDANT**

Il est évident qu'il faut arriver à être DOMINANT pour ÊTRE, et ÊTRE SEREIN, GAGNANT, en commençant par se dire : « *Si je n'y arrive pas, c'est de* MA FAUTE. *C'est*

moi *qui n'arrive pas à gérer mon temps* et donc c'est à *moi* de *m'en sortir en cherchant la faille (car elle existe) de ce cercle vicieux, pour le rompre.* »

1. Dominant le T

⇓

2. OK avec moi-même

⇓

3. Sérénité

⇓

4. **GAGNANT**

Et, entre nous, ce n'est pas si difficile que cela de gagner du temps et de mieux le gérer. Dire et se dire sans arrêt : « *Je n'ai pas le temps !* », ou « *C'est la faute des autres* », cela n'est pas très honnête vis-à-vis des autres et vis-à-vis de soi-même car quand on VEUT, on PEUT.

Et, quand nous disons : « *Je n'ai pas le temps !* », nous oublions le plus souvent de dire « *pour cela* » ou « *pour vous* », sous-entendu parce que j'ai décidé d'investir « sur autre chose » ou « sur quelqu'un d'autre » ou « sur moi ».

Quand nous voulons trouver du temps pour quelqu'un ou quelque chose, nous y arrivons toujours (un passionné de foot trouvera toujours le temps d'assister à son match), il faut simplement en avoir envie, le vouloir et, avec le temps gagné, on fera :

— plus de choses dans le temps initialement prévu

et surtout

— mieux les choses prévues dans le temps initialement prévu.

Un simple calcul : en gérant correctement notre temps, nous gagnons un minimum de 30 minutes par jour, soit une semaine par an (de vacances à Djerba, de détente, de réflexion pour gagner encore plus de temps…) !

Tout est donc là, dans ces mots : dominé-perdant / dominant-gagnant et y réfléchir un peu au travers de ce livre, c'est déjà gagner !

LUNDI 25 MARS

Une journée au bureau

8 h 30 : arrivée au bureau (j'avais prévu 8 h 00, mal dormi). Un petit café vite fait avec Jean-Marc, car j'ai une pile de dossiers à attaquer !

8 h 45 : je prends le contrat ZORTON : j'avais promis à la direction des ventes que je le signerais pour le 22 mars !

9 h 00 : le téléphone qui sonne ! Le standard me passe la société AXES pour une publicité dans le catalogue. « Ecoutez. En principe, j'ai pas de budget. Bien, je vais voir si je peux faire quelque chose. »

9 h 15 : pas évident, ce contrat ZORTON. « Ah ! bonjour Louis, vous voulez me voir. C'est urgent ; il y a un problème avec les stocks et le chef comptable est absent ? Bon, d'accord, mais 10 minutes, pas plus. »

9 h 45 : c'est toujours pareil avec les comptables : ils comptent tout, sauf votre temps !

10 h 15 : je rencontre Sabine dans le couloir. La salle de réunion trop petite ? — « Oui, je sais, vous m'en avez déjà parlé trois fois ! Bon, il faudra que l'on se réunisse pour en parler ! Où cela ? » (Mais dans la salle de réunion, voyons !)

10 h 45 : entretien avec le responsable du personnel. « Qu'est-ce qu'on met dans le journal d'entreprise ? L'interview du meilleur vendeur du mois ? » — « Je ne sais pas, faut qu'on y réfléchisse. »

11 h 15 : « Trois parapheurs à signer en urgence ? » — Bon, je signe vite… je suis déjà en retard.
11 h 30 : j'achève le contrat ZORTON ; c'est complexe mais si je ne signe pas maintenant, qu'est-ce qu'ils vont dire aux ventes !
11 h 45 : vite, une photocopie à faire : ma secrétaire, Sylvie, n'est pas dans son bureau. Bon, j'y vais !
12 h 00 : je pars : rendez-vous avec Michel à 12 h 30 pour la maquette de notre revue. Le patron m'appelle pour le dossier DUVAL ; je fouille mon classeur, je ne le trouve pas. C'est sûrement Sylvie. Où est-elle ? A la photocopie. Ah ! je le trouve : dans le dossier parc auto.
13 h 00 : patron en colère : DUVAL n'a pas reçu son contrat. Il annule la commande et c'est de ma faute ! — Arrivé en retard au resto.
14 h 30 : trop mangé. Ah oui, la réunion à 14 h 30… j'y vais.
14 h 35 : personne dans la salle : c'était bien 14 h 30 ? Téléphone au marketing. Comment ? 15 h 00 et vous nous l'avez dit ?
15 h 00 : la réunion commence. Pas de programme ! On me pose une question : « Excusez-moi, vous pouvez répéter la question ? »
15 h 30 : comme d'habitude, tout le monde discute. Personne n'écoute !
16 h 00 : conclusion de la réunion : faut qu'on se revoie !
17 h 00 : Sylvie me le rappelle : le dossier sur les congés payés que Jacques devait rédiger pour hier soir ? Il est malade. « Bon ! passez-le moi. »
18 h 00 : un petit café : je n'en peux plus et cette pile de dossiers devant moi ! J'avais un rendez-vous à 18 h 15 avec Yves. Désolé, je suis débordé. J'annule. Je le rappellerai.

<u>18 h 30</u> : coup de fil de ma femme. Le pain ? oui, j'oublierai pas.
<u>18 h 45</u> : tiens ! le journal d'entreprise ! Un article sur la gestion du temps... !

RÉSUMONS

		« C'est la faute à... »	En fait	Perte de temps (au min.)
8 h 30	**Arrivée en retard.**	Mal dormi.		30'
8 h 45	**Contrat ZORTON.**	Trop de boulot.	• Promesse non tenue.	
9 h 00	**Téléphone d'AXIS.**	Faut bien répondre.	• Difficulté à dire NON.	
9 h 15	**Entretien avec le comptable.**	C'est urgent, ce problème, et le chef comptable est absent.	• Difficulté à dire NON.	
10 h 15	**Entretien avec Sabine.**	Trop de choses à décider.	• Difficulté à déléguer.	
10 h 45	**Entretien avec le responsable du personnel.**	C'est important : faut réfléchir.	• Difficulté à décider.	
11 h 15	**Les parapheurs à signer.**	C'est urgent.	• Trop de choses à la fois : manque de contrôle. • Trop vite.	

12 h 00	**Dossier DUVAL égaré. DUVAL annule sa commande.**	Ma secrétaire. DUVAL aurait pu prévenir.	• Manque d'ordre. • Manque de méthodologie. • Manque d'anticipation. • Mauvaise gestion du problème...	10'
14 h 35	**Réunion en retard : pas de programme. Je n'entends pas la question.**	— Au marketing. — Je suis fatigué.	• Manque d'écoute.	30'
17 h 00	**Dossier congés payés.**	Jacques est malade.	• Difficulté à dire NON.	
18 h 00	**Annulation d'un R.D.V.**	Je suis débordé.	• Manque de planification.	
18 h 45	**Lecture journal d'entreprise.**	Faut bien se détendre.	• Difficulté à cerner les priorités	

▶ **Bilan :** Au moins une heure de perdue : caricatural ? Pas vraiment ! Réfléchissez..., regardez autour de vous !

Et puis : Qui est en principe mon meilleur ami.... ? **MOI !**

Mais aujourd'hui 25 mars. Qui était mon ennemi... ? **MOI !**

ET SI ON RÉSUMAIT LES PRINCIPALES RAISONS DE PERTE DE TEMPS

DU « TROP » ET DU « PAS ASSEZ »

- Promesse non tenue.
- Difficulté à dire NON.
- Difficulté à déléguer.
- Trop de choses à la fois.
- Manque de contrôle.
- Difficulté à décider.
- Manque d'anticipation.
- Manque d'organisation.
- Manque d'écoute.
- Manque de planification.
- Difficulté à cerner les priorités.

▶ Conclusion

Du « trop » ou du « pas assez ».

« Du trop » (de choses à la fois, dérangements, stress…) et du « pas assez » (anticipation, planification, écoute, délégation, dire NON, tenir ses promesses…) : nous parons « au plus pressé », nous différons souvent l'important. Et puis… c'est rarement de notre faute ! C'est la faute à…

ET VOUS ? OÙ EN ÊTES-VOUS ?

Ce qui importe, c'est la manière dont vous vous comportez face aux différentes raisons de perte de temps évoquées précédemment.

Repensez mentalement une journée professionnelle « typique » (évitez les journées de réunions, les journées de déplacements à l'extérieur...) représentative de celles que vous vivez habituellement, avec ses problèmes classiques, et objectivez les **raisons réelles** de perte de temps avec, si possible, une estimation du temps perdu.

Enfin, positionnez-vous sur le tableau suivant et réfléchissez à votre score !

VOTRE PROFIL DE

	0	
	jamais	
1. J'**anticipe** les problèmes.		
2. Je **planifie**, en commençant par gérer le plus important.		
3. Je **gère** correctement les problèmes.		
4. **J'écoute** attentivement les autres en les laissant s'exprimer sans les interrompre.		
5. Je **responsabilise et délègue** quand il le faut.		
6. Je sais **dire NON** quand il le faut.		
7. Je sais **prendre une décision** importante quand il le faut.		
8. Je tiens **mes promesses**.		
9. Je fais les choses sans les **remettre** à plus tard.		
10. Je suis **à l'heure** dans mes rendez-vous.		
11. J'ai de **l'ordre** : je sais où est chaque chose.		
12. Je note systématiquement mes **idées**.		
13. Quand je fais une chose, je la fais **à fond** avant de passer à une autre.		
14. Je fais ce que j'ai prévu de faire dans le temps imparti.		
15. Je sais résister au **stress**.		
16. Je **positive** mes actions et celles des autres sans les stresser.		
17. Je suis quelqu'un d'**équilibré** : je ne laisse pas mes activités professionnelles déborder sur mon temps personnel.		

GESTIONNAIRE DU TEMPS

	1	2	3	4	5	6	
	très rarement	rarement	assez souvent	souvent	très souvent	toujours	
							LIGNE IDÉALE DE GESTION DU TEMPS

POSITIONNEZ-VOUS

Sur une échelle de 0 à 6, positionnez-vous honnêtement et sereinement en plaçant une croix dans une des 7 cases placées en face de chacun des 17 paramètres.

Faites ensuite votre profil, en joignant les croix, et regardez sur quels paramètres vous êtes le plus éloigné de la ligne idéale 6.

Calculez enfin votre score total en additionnant les différents scores, au bas de la page.

Si vous avez un score total

- **De moins de 30 :**

Vous avez bien fait de vous préoccuper de votre gestion du temps. Lisez ce livre (ainsi que d'autres ouvrages) et prenez des notes. Dans 3 mois, vous aurez fait des progrès significatifs !

- **De 30 à 50 :**

Vous êtes perfectible ! Courage.

Commencez par réfléchir sur vos points faibles, dont les scores vont de 0 à 2. Comment les améliorer ? Vous pourrez vous aider à la lecture de ce livre.

- **De 50 à 65 :**

Vous êtes au-dessus de la moyenne. Vous pouvez probablement encore mieux faire. Travaillez l'écoute et la délégation pour arriver vite à un très bon niveau.

- **De 65 à 80 :**

Bravo ! Votre niveau est excellent. Si vous visez

l'idéal, l'écoute est le paramètre qui vous permettra de progresser encore (voir page 82).

- **De plus de 80 :**
  Vous collez au profil idéal ! Aidez les autres à optimiser leur gestion du temps.

Approche quantitative de la gestion du temps

L'étude de votre gestion du temps ne serait pas complète si il n'y avait une approche quantitative, c'est-à-dire, après la mise en avant de déséquilibres qualitatifs (anticipation, planification…), une approche de la répartition des **pourcentages de temps** consacré aux réunions professionnelles, déplacements, lectures…

Il s'agit donc d'étudier là encore une journée typique d'activité professionnelle.

En affectant à chaque activité une durée approximative en minutes, le soir, en consultant, si possible, votre agenda.

Cela peut être fastidieux, mais à l'issue de ce travail, vous aurez peut-être, pour la première fois de votre vie, un aperçu de la façon dont vous « occupez », vous gérez votre temps, donc votre vie professionnelle : c'est très édifiant !

Donc un peut d'investissement de votre temps sur une semaine d'activité, vous en verrez sûrement la rentabilité !

Un exemple de cette approche est mentionné en annexe 4 sous forme de tableaux de répartition des tâches, celles-ci étant données à titre indicatif.

LE GRAND DÉSÉQUILIBRE
ou
L'excès de quantitatif ne peut résoudre le manque de qualitatif

Bien sûr, les déséquilibres quantitatifs existent et doivent être corrigés. Ils le seront d'autant mieux qu'ils seront faciles à objectiver (**grâce aux tableaux sur la répartition des tâches**) et qu'il suffit de se fixer un objectif (but que je me fixe dans un certain délai), c'est-à-dire baisser ou augmenter le % de tel chiffre, de le décider une bonne fois, et d'y mettre les moyens.

C'est une question de volonté. Je décide d'augmenter le temps que je consacre à la planification de mes activités : d'une heure par semaine, ce à partir du lundi 5 mars 1999.

Pour cela : je me lèverai 30' plus tôt tous les matins et je regarderai 10' les infos à 7 h le matin au lieu de 30' le soir :

⇒ gain de temps : 50' à 1 h par semaine.

Mais, à l'origine de ces déséquilibres **quantitatifs**, il y a les déséquilibres **qualitatifs**, c'est-à-dire psychologiques.

Ceux-ci sont plus difficiles à faire apparaître, car il s'agit là de faire notre autocritique et de reconnaître nos défauts, c'est pourquoi, la plupart du temps, ils sont masqués par de fausses excuses (« *J'ai trop de travail* », « *c'est la faute de... si...* ») : ils sont donc plus difficiles à traiter.

Ces déséquilibres qualitatifs sont principalement au nombre de 6 et sont des **manques** (insuffisances) caractérisés par les phrases suivantes :

Les 6 manques	Caractérisés par...
D'anticipation et de planification	« On ne peut pas tout prévoir. »
D'écoute de l'autre	« Attendez, vous pouvez répéter ? »
De capacité à dire Non (à moi ou à l'autre)	« Bon, d'accord pour cette fois-ci, mais la prochaine fois... »
De capacité à déléguer	« Attendez, je vais m'en occuper. »
De capacité à décider	« Bon, il faut y réfléchir. »
De capacité à tenir ses promesses	« Je sais, je vous l'avais promis, mais... »

Et ces déséquilibres qualitatifs que nous avons tous, à des degrés divers, sont liés à quelque chose de plus profond en nous, donc de moins évident, qui est :

— **Le manque de maîtrise de soi.**

Nous touchons là à des éléments essentiels pour la compréhension du problème. Allons donc encore un « peu plus profond » en nous, pour mieux comprendre : à quoi est dû le plus souvent ce manque de maîtrise de soi ?

— **A un manque de confiance en soi.**

Ceci expliquant que nous désirons tous bien entendu mieux anticiper, écouter, déléguer, décider, dire non, tenir ses promesses, mais

• que nous y arrivons mal,

⇓

• que nous perdons du temps,

⇓

• que nous le vivons mal,

⇓

• que nous nous en culpabilisons,

⇓

• et que nous accroissons ainsi le manque de confiance en nous-même. Comment mieux le résumer que par le schéma suivant ?

Et c'est un véritable cercle vicieux Dominé-Perdant, dans lequel nous nous enfermons. Nous essayons de compenser les « manques » qualitatifs par des « trop » quantitatifs. Nous nous mettons en sur-régime de travail, de stress et nous y arrivons de moins en moins : avec l'échec au bout, donc la culpabilisation, qui accroît le manque de confiance en soi. Pour mieux comprendre la mécanique de ce schéma, il faut analyser les quatre situations que sont :

1. Gagnant/Perdant
2. Gagnant/Gagnant
3. Perdant/Gagnant
4. Perdant/Perdant

CERCLE NÉGATIF DU GRAND DÉSÉQUILIBRE QUALITATIF / QUANTITATIF

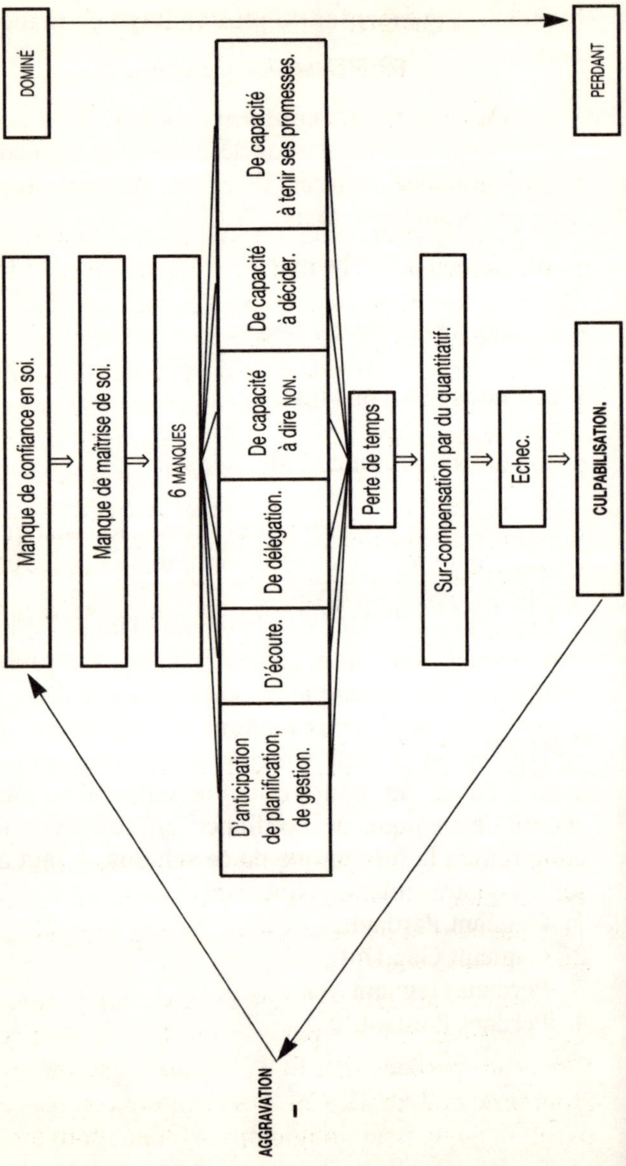

GAGNANT-DOMINANT / PERDANT-DOMINÉ

Tout notre environnement, toute notre éducation (culturelle, sportive…) militent en faveur de ce constat : « Dans la vie, il y a des gagnants et des perdants, des forts, des faibles, des dominants et des dominés. »
— **Gagnant :** c'est celui qui réussit, qui tire avantage d'une situation, ceci parce qu'il est dominant.
— **Perdant :** c'est celui qui échoue, qui ne tire pas un avantage d'une situation, ceci parce qu'il est dominé.
— **Dominant :** c'est celui qui a la maîtrise de lui-même (et non pas celui qui l'emporte sur les autres).
— **Dominé :** c'est celui qui n'arrive pas à avoir la maîtrise de lui-même (et non pas celui qui subit les autres).

Gagnant - Perdant (GP)

Nous pouvons comprendre que, dans le sport, il faut des gagnants et des perdants, c'est la loi du « plus fort physiquement qui l'emporte », c'est la règle du jeu et nous la respectons.

En revanche, psychologiquement, dans toute relation humaine, il n'est pas sain qu'il y ait un gagnant fort et un perdant, humilié : aucune relation ne sera alors forte et durable. Car nous ne pouvons pas perdre psychologiquement longtemps (il faut pouvoir « s'y retrouver ») et, tôt ou tard, nous déciderons soit de nous venger de cette situation d'humilié (combat), soit de casser cette relation en quittant l'autre (démission).

Gagnant - Gagnant (GG)

C'est la **meilleure** solution, profitable aux deux parties. Nous cherchons à comprendre l'autre, ses besoins, en nous mettant à sa place pour savoir ce qu'il désire.

Nous misons sur la capacité de l'autre à tenir sa promesse en élaborant avec lui un **contrat** dans lequel nous nous fixons des objectifs, des moyens ayant pour but d'atteindre des résultats positifs, motivants, si possible valorisants, pour les deux parties et surtout équilibrés pour les deux.

Et selon le vieil adage que nous « ne changeons pas une équipe qui gagne », gagner ensemble, c'est aussi s'encourager à continuer de gagner ensemble.

Exemple : je délègue à un collaborateur la responsabilité d'une tâche importante. Il l'a réussie. Tout le monde y trouve son compte. Je continuerai de déléguer et lui continuera d'assumer la délégation en étant valorisé.

Perdant - Perdant (PP)

C'est le cas de l'affrontement permanent des deux protagonistes incapables d'objectivité et de recul car ils estiment avoir chacun raison. C'est un processus plus ou moins conscient, mais s'il est la plupart du temps :

— **inconscient** (on ne voit pas qu'à force de se faire du mal on va à l'échec),
— il peut parfaitement être **conscient** : puisque je vais perdre, autant que l'autre perde aussi.

En conclusion

Toute relation durable suppose une stratégie Gagnant/Gagnant en cherchant quand il y a un problème :
1) A en comprendre les raisons au travers d'une écoute et d'un dialogue.
2) En n'hésitant pas à faire le premier des concessions pour aboutir à des compromis.

Exemple : **donner pour mieux recevoir.**

- Je commence par donner.
- L'autre accepte de recevoir en se considérant comme Gagnant.
- Il me donne.
- Je serai aussi Gagnant.

Avec cette notion forte : chacun de nous, seul, ne peut pas y arriver ; donc, unissons nos forces et nous gagnerons (l'union fait la force). C'est une philosophie de vie et non une technique pour réussir.

Si nous revenons maintenant à notre schéma et que nous prenons l'exemple de quelqu'un qui a un manque d'anticipation, de planification (cf. schéma page 34).

La journée non planifiée commencera mal, par des pertes de temps (téléphone, tâches routinières, interruptions), des retards, que ce soit sur les projets à mener dans la journée ou sur les rendez-vous. Donc, vous allez alors chercher à compenser en essayant d'aller plus vite (stress), d'en faire plus, dans le même temps.

Le tout engendre un sentiment de culpabilisation et de frustration de «*ne pouvoir y arriver*», qui augmente le manque de confiance en soi, puis le manque de maîtrise de soi. Tout ceci peut aggraver le manque initial d'anticipation et de planification mais aussi les cinq autres manques.

Au total, dans ce schéma, il y a :

• La notion que vous êtes dominé (par les événements) et perdant.

• Mais également la notion de perdant-perdant car, si vous l'êtes, les autres le sont aussi : patron, collègues, par les conflits engendrés avec eux (frustrations, rancœurs).

Conclusion : **vous ne pouvez remédier à des manques qualitatifs par des trop quantitatifs !**

Le temps vous manque, l'urgent vous commande, vous vous laissez DOMINER par les événements et par les autres.

Vous parez en quelque sorte au plus pressé :

• Il y a **trop** d'un côté
• **Pas assez** de l'autre
→ Avec déséquilibre.

Le résultat : PERDANT

Pour passer de DOMINÉ/PERDANT à l'opposé, c'est-à-dire DOMINANT/GAGNANT, il faut donc **rompre** ce cercle vicieux négatif. Facile à dire mais difficile à faire. Alors, justement, comment faire ?

D'abord en comprenant bien les notions d'anticipation et de planification en ayant une idée claire sur les différences entre important et urgent. Puis en intégrant les notions :
- D'écoute.
- De délégation.
- De capacité : — à décider,
  — à dire non,
  — à tenir ses promesses.

Cependant, il est très difficile d'être votre propre psychologue ! Et vous ne pouvez pas du jour au lendemain savoir écouter, dire non, décider, tenir vos promesses alors que jusqu'à présent vous y arriviez mal. Cela demande beaucoup de temps, d'effort, de techniques (il existe des stages pour cela).

Pour aller plus vers Dominant/Gagnant, ne décidez pas de vous améliorer sur tous les paramètres à la fois. Le plus aisé est d'abord d'agir directement sur le premier déséquilibre, celui de l'anticipation et la planification en comprenant les notions et les différences entre important et urgent.

Une amélioration dans ce domaine entraînera déjà moins de stress, plus d'équilibre temps de travail/ temps de famille, moins de culpabilisation, plus de confiance en soi. Donc, amorce du cercle positif dominant/gagnant et aussi gagnant/gagnant (je suis gagnant, les autres le sont aussi).

Un retour à plus de confiance en vous-même vous aidera, ensuite, à une meilleure aptitude, à écouter, à déléguer, à savoir dire non, à décider et tenir vos promesses (schéma p. 41).

Enfin, ayez pour ambition de vous améliorer, mais non de devenir parfait. C'est illusoire !

RETOUR À L'ÉQUILIBRE

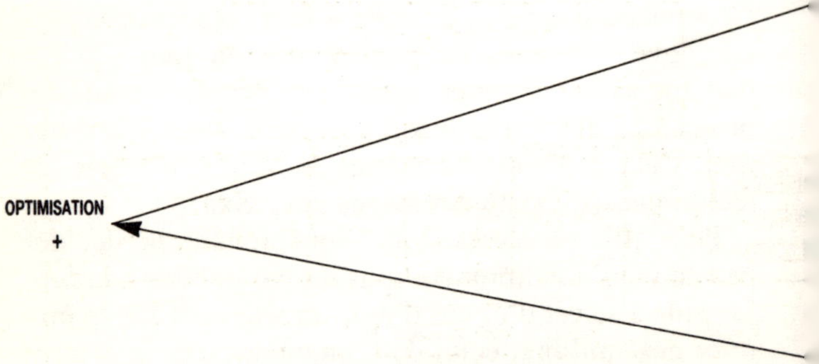

QUALITATIF / QUANTITATIF

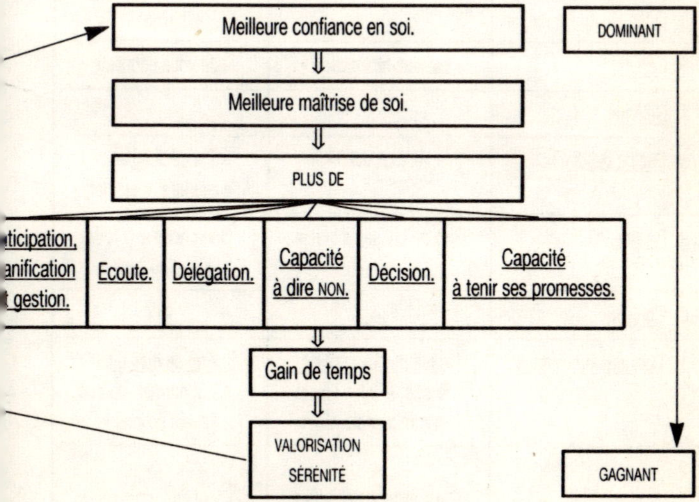

DE DOMINÉ - PERDANT À DOMINANT - GAGNANT

	Dominé - perdant	Dominant - gagnant
1. Confiance en soi.	-	+++
2. Maîtrise de soi.	-	+++
3. Anticipe, • privilégie :	• Le passé : « *de mon temps.* » • Le présent. • L'urgent. • L'action.	• Le futur. • L'important. • La réflexion avant l'action.
4. Planifie.	-	+++
5. Gère.	-	+++
6. Ecoute.	« Laissez-moi parler ! »	« Je vous écoute. »
7. Délègue.	-	+++
8. Décide de dire NON.	« Il faut voir. »	« J'ai décidé de... » « Je regrette, c'est non. »
9. Réalise.	Trop de choses à la fois.	Une chose à la fois, jusqu'au bout.
10. Contrôle.	-	+++
11. Tient ses promesses.	Ne fait pas ce qu'il dit. « Je sais, je vous l'avais promis, mais... »	Fait ce qu'il dit. « C'est normal, je vous l'avais promis. »
12. Stress.	- « C'est urgent, dépêchez-vous. »	+++ « C'est important, donc prenez votre temps. »
13. Culpabilise.	+++ « C'est de votre faute. »	- « C'est de ma faute. »

GAGNEZ DU TEMPS

Anticipez - Planifiez
L'important / L'urgent

Les 6 déséquilibres sont liés à un manque de maîtrise de soi, lui-même lié à un manque de confiance en soi. Pour être efficace dans sa gestion du temps, il est indispensable de comprendre l'origine de ce manque de confiance.

Ce dernier est lié principalement à une mauvaise connaissance de ses propres valeurs et de ses objectifs de vie.

Conduire sa vie, sans connaître véritablement ses objectifs et ses principes fondamentaux, c'est-à-dire les valeurs qui nous guident, c'est « naviguer à vue » sans réelle confiance, ni maîtrise de soi-même.

CONNAÎTRE SES VALEURS
pour
DÉFINIR SES OBJECTIFS
pour
ACQUÉRIR UNE RÉELLE CONFIANCE EN SOI
donc
UNE RÉELLE MAÎTRISE DE SOI
⇓
GAIN DE TEMPS.

MES CODES
⇓
MES OBJECTIFS
⇓
CONFIANCE
⇓
MAÎTRISE
⇓
OPTIMISATION DU TEMPS.

Sans objectifs prioritaires, nous vivons sans piloter notre vie :
— nous agissons souvent sans réfléchir au préalable,
— nous préférons le court terme, l'urgence, aux moyen et long termes, c'est-à-dire à l'important.

Les notions d'anticipation, de planification, d'important et d'urgent méritent d'être examinées pour mieux comprendre l'intérêt de déterminer ses propres valeurs et objectifs, dont la connaissance est indispensable à une meilleure gestion de son temps et de sa vie.

Anticiper C'est s'éloigner de **l'urgent**, des contraintes de l'instant, donc « prendre du recul » pour réfléchir à **l'important**, c'est-à-dire aux problèmes, aux « crises » apparus dans le passé. En vous posant toujours la question : *quel est pour moi le véritable problème ? :* le QUOI.
— Cela suppose de réfléchir aux causes de ces problèmes : au POURQUOI.
— Puis, de se fixer des objectifs, pour faire en sorte que ces problèmes ne réapparaissent pas, ou pour gérer au mieux ces problèmes s'ils réapparaissent, de manière à en atténuer les effets.
— Cela suppose ensuite de déterminer les actions à entreprendre (pour atteindre ses objectifs) en les hiérarchisant par ordre d'importance décroissante : le COMMENT.
— Puis, déterminer si possible :
• les personnes qui vont mener à bien ces actions : QUI.
• le lieu de ces actions : OÙ.
• le coût de ces actions : COMBIEN.

Planifier C'est, après avoir anticipé, programmer dans le temps, les différents objectifs et actions déterminées en précisant :

- Le temps nécessaire pour les accomplir avec une marge de sécurité
- Les dates de début et de fin.

→ **QUAND.**

(pour des exemples de planification, voir page 70.)

En fait, la première et véritable anticipation est celle de notre vie : c'est-à-dire réfléchir sur les « crises », les problèmes majeurs que nous avons rencontrés et rencontrerons encore, pour essayer de les prévenir, en essayant d'en comprendre les raisons.

La plupart du temps, nos problèmes sont liés au fait que nous ne savons pas bien distinguer l'important de l'urgent et que nous avons tendance à privilégier l'action, l'urgent, sans avoir réfléchi préalablement sur nous-mêmes, ce qui guide notre vie, nos valeurs, nos objectifs prioritaires.

Le vrai gain de temps passe par <u>une anticipation réelle sur l'important</u> par rapport à l'urgent.

L'IMPORTANT ET L'URGENT
Anticipation / Planification

« *L'acte fondamental d'une vie est de décider ce qui est important et ce qui ne l'est pas.* »

H. de MONTHERLANT

L'IMPORTANT ET L'URGENT

• L'urgent : c'est ce qui nécessite d'agir tout de suite.
• L'important : ce qui à mes yeux a une valeur, un intérêt, un rôle considérable et qui ne nécessite pas forcément d'être accompli tout de suite.

Il y a dès lors 3 questions que l'on peut se poser :
1. Quelles sont les actions importantes et urgentes qui me permettront d'atteindre mes objectifs et d'avoir les meilleurs résultats ?
2. Qui décide de ce qui est important et urgent pour moi ? Est-ce toujours moi ?
3. Si je privilégie l'un plutôt que l'autre, quelles conséquences pour moi à court, moyen, long terme ?

L'URGENT

C'est une tendance naturelle du genre humain de faire d'abord

- ➢ ce qui plaît,
- ➢ ce qui est le plus facile à faire,
- ➢ ce qui va vite.

C'est plus « visible », cela « saute aux yeux » car souvent en bonne place, en haut de la pile. C'est psychologiquement mobilisateur, avec l'assurance d'en voir les résultats rapidement : « Je connais, je sais le faire, donc peu de risques ! »

J'ai des résultats positifs, j'ai le sentiment d'être important, d'exister, donc je me valorise à mes yeux et aux yeux des autres. Je redemande de l'urgent !

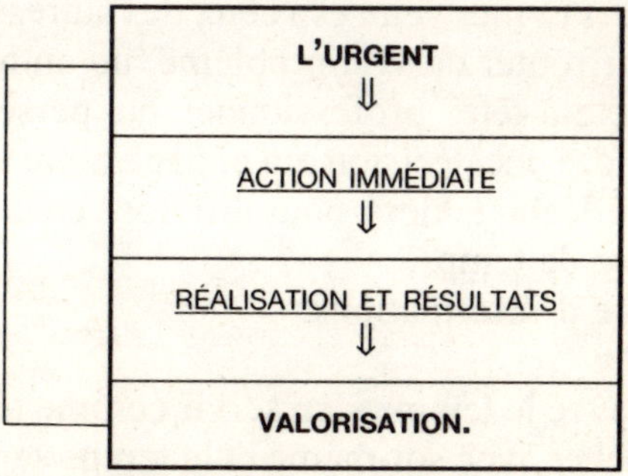

Il n'y a donc apparemment pas de raisons de ne pas faire l'urgent surtout quand la « hiérarchie » vous l'impose.

Mais le VRAI RÉSULTAT, quel est-il ? Avons-nous vraiment enrichi notre expérience ? N'est-ce pas dans les difficultés que nous apprenons le plus ? Enfin, sommes-nous vraiment responsables quand nous agissons sous la pression des événements ou des autres ? Un « hyper-actif débordé » est-il toujours maître d'une situation ?

L'important

A l'opposé, nous avons souvent du mal à distinguer l'important (partie immergée de l'iceberg) dissimulé dans la pile des urgences. C'est quelque chose qui a de la valeur donc qui est plus responsabilisant, qui nécessite plus de réflexion préalable. Comme je le pratique moins, je le connais moins : j'aurai probablement plus de mal à le maîtriser.

Et puis, si je réussis, c'est bien, mais si j'échoue ? Quels risques (à mes yeux et à ceux des autres) ? Le fait de devoir affronter un vrai problème, un entretien difficile en tête-à-tête, professionnel ou personnel, de devoir prendre une décision qui engage notre responsabilité, fait réfléchir ! Alors, nous différons en invoquant :

- le manque de temps,
- le manque d'informations,
- la maladie…

Tricher avec le temps, s'en servir comme alibi, c'est souvent tricher avec soi-même et le temps se vengera ! Car différer, c'est être obligé de prendre une décision plus tard, souvent « dans la panique ».

Important et urgent : la confusion

En fait, le plus souvent inconsciemment, mais parfois consciemment, nous confondons important et urgent en plaçant l'urgent en priorité !

« *C'est urgent donc c'est forcément important.* »
« *Faut que je le fasse tout de suite, c'est important !* »
(En fait, souvent, cela ne l'est pas.)

Conséquences : — L'urgent CACHE souvent l'important.
— L'urgent CHASSE souvent l'important, que l'on fait après ou que l'on ne fait pas.

L'important d'abord

L'important, c'est d'abord de déceler et de traiter ce qui est important. C'est en ce sens que l'important peut être urgent et commande l'urgent. Un accident, un accouchement… sont des événements « urgents », parce qu'ils sont importants. Et qu'on ne dise pas qu'il est difficile de traiter d'abord l'important.

C'est dans les moments importants (décès, accidents… mais aussi le match de foot à la télévision) que nous bousculons nos priorités, en consacrant tout le temps nécessaire à une action indispensable pour reléguer toutes les autres soi-disant « urgentes ». Alors pourquoi ne pas s'efforcer de distinguer et de traiter l'important d'abord ?

Si les résultats sont bons, nous récolterons tous les bénéfices. S'ils sont mauvais, nous ne serons pas perdants car nous aurons appris : c'est dans la difficulté que nous grandissons, pas dans la routine.

Ceux qui réussissent ne sont pas plus intelligents que d'autres. Ils savent surtout bousculer la routine pour se consacrer totalement aux priorités, en délaissant ou sous-traitant le reste.

• **L'important**, que nous négligeons et que nous oublions, « se venge » (les crises que nous n'avions pas prévues !). C'est en ce sens que l'urgent peut être **PIÉGEANT**.

• **L'urgent** que nous différons devient souvent moins urgent et se règle parfois tout seul.

Nous avons donc tout intérêt à nous poser les questions suivantes :

1. Qu'est-ce qui est vraiment important pour moi, que je dois faire et que personne ne peut faire à ma place ?
2. Qu'est-ce qui est urgent et que je dois faire aussi ?
3. Qu'est-ce qui est urgent, que je peux ne pas faire et donc déléguer ?

> **CIBLER** sur l'important : **DÉLÉGUER** tout ou une partie de l'urgent.

Le présent / Le futur

• **L'urgent**, c'est le présent. L'urgent commande plus l'action, le résultat immédiat, le **quantitatif** (on agit plus, on téléphone plus…).
• **L'important**, c'est le futur, le long, moyen, court terme. L'important privilégie plus la réflexion, les idées, le qualitatif, avant de passer à l'action.

En fonction du degré d'importance et d'urgence, nous pouvons distinguer plusieurs classifications de 4 à 1 :

4. Le peu important peu urgent : c'est-à-dire les actions de routine, impliquant peu de réflexion et de responsabilisation.

3. Le peu important urgent : les actions peu importantes qui nécessitent d'être traitées immédiatement ou dans les prochaines heures.

2. L'important urgent : les « crises », les conflits, les accidents qui nous prennent souvent « au dépourvu » parce que nous les avons pas ou mal anticipés, et qui appellent une action immédiate.

1. L'important peu urgent : c'est le domaine de la réflexion sur le long, moyen, court terme. Une réflexion sur nous-mêmes, nos valeurs, nos objectifs professionnels et personnels. Là est le domaine de la véritable anticipation.

EXEMPLES	
Important peu urgent	• Nos valeurs. • Nos objectifs long, moyen, court terme : — recherche d'un nouveau produit — achat d'une société — devenir directeur des ventes
Important urgent	• Résoudre des conflits • Gérer une grève
Peu important urgent	• Etude de dossiers • Entretiens • Réunions
Peu important peu urgent	• Classement • Photocopies • Lectures de journaux

IMPORTANT

	PEU URGENT	URGENT
IMPORTANT	IMPORTANT PEU URGENT **Le futur** • Nos valeurs. • Nos objectifs. • Nos projets. 1 **Réflexion** ++++ **Action** +	IMPORTANT URGENT **Le présent** • Nos problèmes. • Nos crises. 2 **Réflexion** +++ **Action** +++
PEU IMPORTANT	PEU IMPORTANT PEU URGENT Nos actions de routine 4 **Réflexion** + **Action** +	PEU IMPORTANT URGENT Nos actions habituelles 3 **Réflexion** ++ **Action** +++

URGENT

Notre penchant naturel : le plus facile d'abord ! (du 4 au 1)

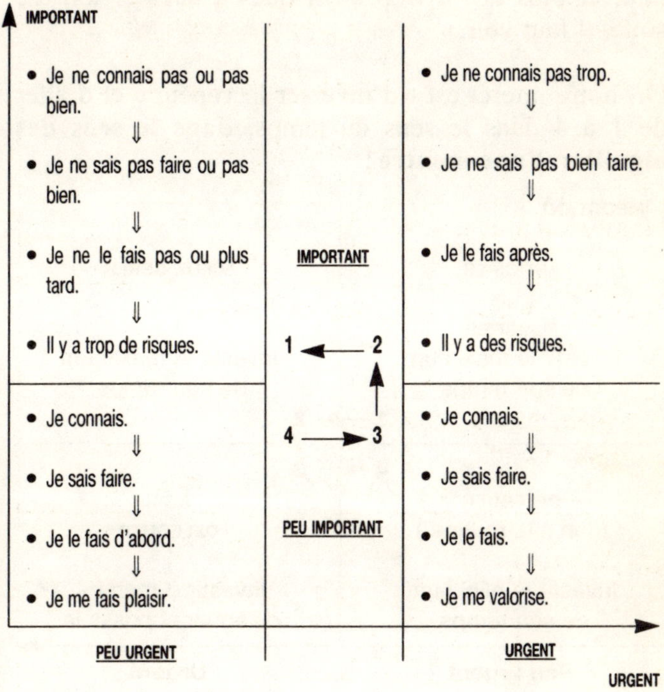

Notre penchant naturel est de nous dire : (schéma précédent)

PARTIE 4 du schéma : « Cela n'est pas très important, mais si je ne le fais pas, qui le fera ? »

PARTIE 3 : « Il faut que je le fasse, c'est de ma responsabilité ! »

PARTIE 2 : « Je n'y suis pour rien dans cette crise » ou alors « Bon, je réfléchis, je sais, c'est important, mais il y a des risques : j'agirai plus tard ! »

PARTIE 1 : « A chaque jour suffit sa peine ! Je règle les problèmes d'abord, pour les projets, on verra plus tard, et puis il y a trop de risques à décider tout de suite, il faut voir. »

Or, notre intérêt est « d'inverser la vapeur » et d'aller de 1 à 4 dans le sens du temps, **dans le sens des aiguilles d'une montre !**

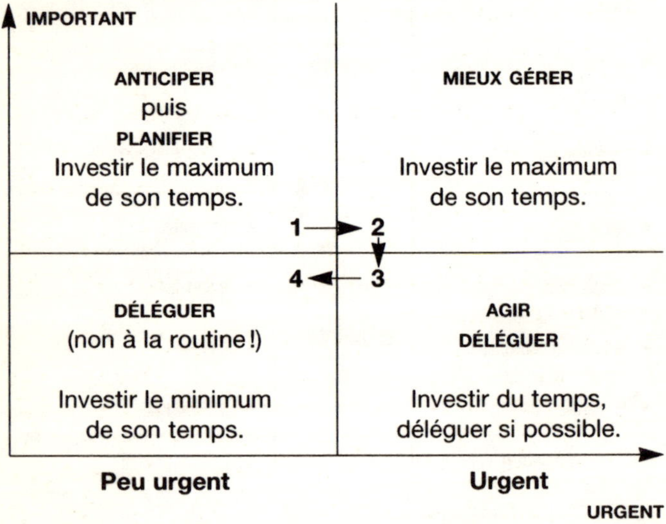

▶ En conclusion

En toutes choses : « *Réfléchir avant d'agir.* »
« *L'important avant l'urgent.* »

Plus nous voyons loin, en nous libérant des « urgences », plus nous focalisons sur l'important, c'est-à-dire sur l'essentiel ! — « *Mieux vaut prévenir que guérir.* » — « *Qui veut voyager loin, ménage sa monture.* » — Ceci signifiant que regarder au loin, le plus loin possible, donc le long terme, force à ANTICIPER et à adapter sa conduite du court terme, du moment, pour atteindre son objectif.

1. Réfléchissez d'abord à **l'important peu urgent** (même pour la journée), au long terme, à vos valeurs et à vos objectifs de vie et anticipez les crises (partie 1 du schéma précédent).
2. Ceci permettra de mieux vous consacrer à **l'important urgent**, de diminuer la fréquence des crises, des maladies, consommatrices de temps et d'argent (partie 2), et de les gérer au mieux.
3. Traitez ensuite le **peu important urgent**, c'est-à-dire les activités que vous gérez habituellement en essayant d'en déléguer une partie, pour sauvegarder du temps pour l'important (partie 3).
4. Enfin, investissez le moins de temps possible dans les activités de routine en les déléguant au maximum (partie 4).

Toutes les actions, même quotidiennes, méritent une réflexion préalable, une anticipation, puis une planification ! C'est lorsque tout s'accélère autour de soi, lorsque l'urgence dicte sa loi, qu'il faut savoir dire **stop** et prendre du **recul**. Que l'important dicte sa conduite à l'urgent et vous serez gagnant : l'important vous rendra 10 fois ce que vous lui avez donné.

Il est faux de prétendre qu'à force d'anticiper, de planifier, nous tuons toute créativité, tout imprévu. C'est au contraire lui faire toute sa place, car plus on anticipe, plus on a du temps libre !

Vous connaissez le dicton (qui n'est pas du tout contre les « brutes » qui agissent car tout le monde agit !)

« *Mieux vaut une "brute" qui marche*
qu'un "intellectuel" assis
mais un "intellectuel" qui marche ! »

Valeurs et objectifs

• Ayant précisément en tête le rôle de l'anticipation, l'importance de « l'important », nous sommes mieux à même de préciser nos valeurs et objectifs.

• Nous avons tous des désirs dans notre vie (désir d'amour, d'une maison bien à soi…).

• Avoir un objectif est autre chose : c'est un but que nous cherchons à atteindre dans **un temps donné** ; un rendez-vous que nous nous fixons avec nous-mêmes, un engagement en prenant nos responsabilités.

Mais de même que nous considérons la partie visible d'une maison, sa beauté, nous oublions que ce qui importe avant tout, c'est la solidité, les fondations ; ce qu'il y a de plus profond et d'invisible. Et de même qu'il est impossible de bâtir sur du vide (il n'y a pas de fenêtres sans fondations), de même tous les objectifs que nous fixons (ou que l'on nous fixe) reposent sur quelque chose de plus profond, de plus enraciné en nous, *nos valeurs*.

Mes valeurs sont mes idéaux, c'est-à-dire :

• ce qui compte le plus pour moi,

• que je ne pourrai jamais renier,

• auquel je me conformerai pour la réalisation de mes actes quotidiens,

• car je ne peux pas longtemps agir contre elles, sauf à me culpabiliser en permanence puis me renier.

Les valeurs de la République sont bien connues :

« Liberté, Egalité, Fraternité. »

A titre personnel, vous pouvez avoir : la famille, les enfants, l'amitié…

A titre professionnel, nous pouvons penser par exemple à carrière, développement des autres, leadership, responsabilité, honnêteté…

Cette liste n'est pas complète : les valeurs étant très spécifiques, chacun doit réfléchir et trouver les siennes.

• Il importe, tout d'abord, de choisir nos propres valeurs en fonction de ce qui nous anime en toute honnêteté, humilité, et non celles qu'un patron, voire un collègue, voudraient nous imposer.

• Là est la vraie anticipation sur le long terme et le vrai gain de temps. Cette réflexion et ce choix permettront de fixer nos vrais objectifs. Ces valeurs étant profondément ancrées en nous, il est évident que tout au long de notre carrière, nous les conserverons, même si l'importance que nous leur accordons peut varier dans le temps. Au début de notre carrière, nous privilégierons par exemple l'ambition pour, en fin de vie, nous orienter plus vers le développement des autres.

• *Exemple :*

Développement des autres : pour moi, cela signifie : les enrichir de mon expérience afin qu'ils puissent s'épanouir professionnellement.

Nos valeurs retenues orienteront <u>nos objectifs à long terme</u> : OLT (à plus de 5 ans), qui orienteront <u>nos objectifs à moyen terme</u> : OMT (1 à 5 ans), puis <u>nos objectifs à court terme</u> : OCT (à 1 an) et <u>nos actions</u> (moins d'un an).

ACTION ↑	HEURES ↑ JOURS ↑ MOIS ↑
O.C.T ↑	< 1 an ↑
O.M.T ↑	1 - 5 ans ↑
O.L.T ↑	> 5 ans ↑
VALEURS	

Là est le gain de temps essentiel de sa vie. Rien de pire, en effet, que de s'apercevoir au bout de 5, 10, 20 ans que nous nous sommes trompés de valeurs et d'objectifs à long terme, d'orientation professionnelle, donc d'objectifs à moyen terme, et que toutes nos actions, même quotidiennes, n'ont pas servi à grand-chose ! Quelle perte de temps ! Quelles désillusions ! Quels regrets !

C'est tout à fait le : « Ah, si j'avais su, je n'aurais pas fait cela... »

« Ah, si c'était à refaire... »

« Je n'aurais certainement pas choisi ce métier-là : dix ans à me répéter que je ne suis pas fait pour cela. »

Au contraire, rien n'est plus épanouissant dans la vie que de nous rendre compte que nos valeurs, objectifs et actions sont en parfaite cohérence. Nous avons vraiment fait de notre vie ce que nous voulions faire.

	DOMINÉ - PERDANT	**DOMINANT - GAGNANT**	
	Valeurs mal ciblées.	Valeurs bien ciblées.	
	↓	↓	
	Objectifs mal choisis.	Objectifs bien choisis.	
	↓	↓	
NON-COHÉRENCE =	Actions inadéquates	Actions adéquates.	**= COHÉRENCE**
	↓	↓	
	Perte de temps.	Gain de temps.	
	↓	↓	
	Culpabilisation, frustration.	Epanouissement, sérénité.	

Tout ceci n'est bien évidemment pas facile à réaliser d'emblée. Il faut bien se connaître, réussir à réfléchir sur soi-même. Mais :

• Plus tôt vous aurez conscience de l'importance de cette réflexion, plus tôt vous prendrez la bonne direction.

• Plus tôt vous vous apercevrez que vous vous êtes trompé, plus tôt vous pourrez et devrez changer de cap, ce quel que soit le stade de votre vie.

▶ La conclusion de tout ceci

• Vous devez être cohérent avec vous-même et périodiquement vous poser les questions :

— « Est-ce que mes actions de tous les jours sont en harmonie avec mes objectifs ? »

— « Est-ce que mes objectifs sont en harmonie avec mes valeurs ? »

— « Est-ce que tout ce que j'ai fait jusqu'à présent est en harmonie avec ce que j'aime, avec ce que je veux faire ? »

— « Ai-je envie de continuer comme cela ou ai-je envie de changer, et si oui, comment ? »

• C'est en étant *« au clair »* avec nos valeurs et nos

objectifs que nous acquerrons une meilleure confiance en nous, une meilleure maîtrise de nous et que nous accroissons nos capacités à anticiper, planifier, déléguer, écouter, décider… et que nous gagnons du temps.

Compte tenu de tout ceci, le schéma définitif « Dominant - Gagnant : retour à l'équilibre » est donc le suivant :

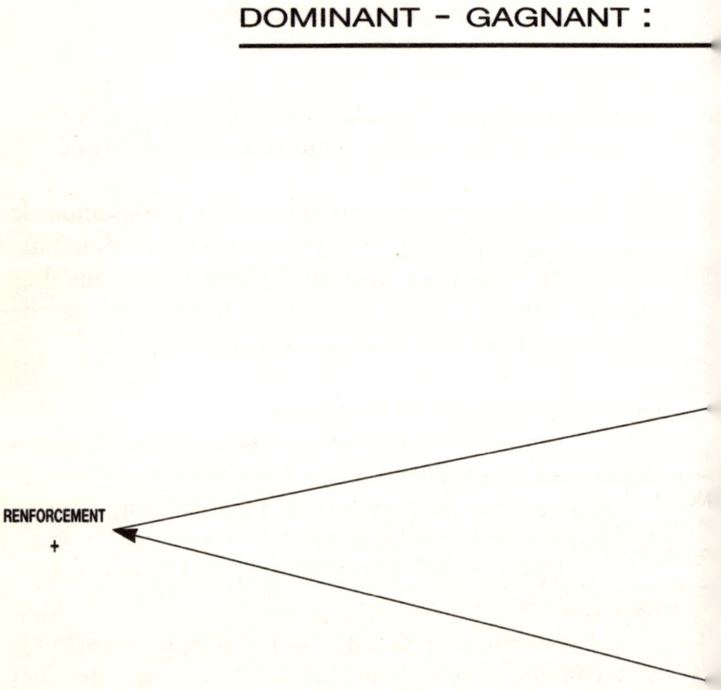

LE RETOUR À L'ÉQUILIBRE

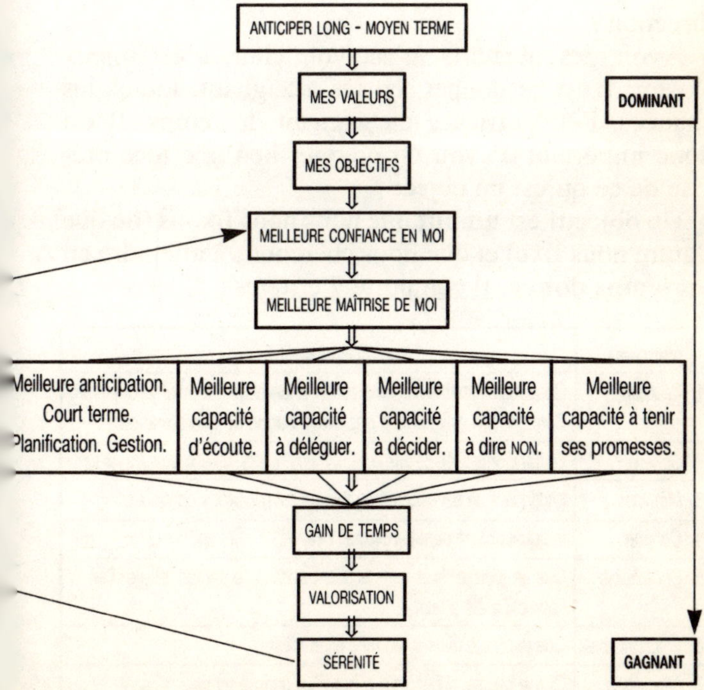

Objectifs

« Tant que l'on a des objectifs dans la vie,
on n'est pas vieux ! »

Nous avons tous « plus ou moins » des objectifs qui sont « plus ou moins clairs ». Ne pas avoir d'objectif, c'est la meilleure façon de ne pas les atteindre, et sans objectif, comment savoir si on est dans la bonne direction ?

Avoir des objectifs, c'est voir clair, c'est mieux exister, c'est se donner, en les atteignant, toutes les chances d'être efficace en gagnant du temps. Il est donc important d'avoir en premier lieu une idée précise de ce qu'est un objectif.

Un objectif est **un but** que nous nous fixons (ou que l'autre nous fixe) et que nous cherchons à atteindre **en un temps donné**. Il comporte 7 critères :

CRITÈRES	C'est-à-dire...
1. *Réalisable*	Que je suis capable d'atteindre intellectuellement et/ou physiquement. Donc, ni trop élevé ni trop bas, sinon **risque de démotivation**.
2. *Cohérent*	En **harmonie** avec ce que je veux vraiment être, faire, avec mes valeurs.
3. *Motivant*	Impliquant un bénéfice pour moi, qui va m'inciter à continuer.
4. *Concret*	Indiquant clairement le **résultat** visé.
5. *Contrôlable*	Que je puisse fixer une échéance dans le temps et **vérifier** si l'objectif a été atteint.
6. *Fractionnable*	Que je puisse **diviser** (ou faire en étapes).
7. *Modulable*	Que je puisse, si besoin est, **modifier** dans le temps.

Un objectif est donc un engagement, **un contrat** « daté, chiffré » nécessitant une réflexion préalable et impliquant ensuite une action, puis un contrôle (R/O = analyse des résultats par rapport à l'objectif).

Le processus de détermination d'un objectif précis, d'abord long terme (qui entraîne la fixation d'objectifs moyen terme, puis court terme), est le suivant : procédez selon la technique de l'entonnoir, le plus ouvert possible en ne négligeant aucune hypothèse pour arriver à un seul O.L.T. le plus précis possible.

1. Considérez tous les domaines possibles.
2. Choisissez en fonction de vos goûts, de vos motivations, mais aussi de vos freins, en écartant au fur et à mesure les domaines dont vous ne voulez pas.
3. Déterminez votre objectif long terme : *« Je serai directeur des ventes dans 7 ans. »*
   avec l'avantage attendu : *« Pour satisfaire mon goût de la réussite. »*

⇒ MON OBJECTIF (À LONG TERME) DEVENIR DIRECTEUR DES VENTES

Exemple de domaines	Mes Motivations : POUR	Mes freins : CONTRE	Ma décision : SYNTHÈSE	Ma décision, mon objectif long terme (OLT)
• *Vente*	OUI : les contacts, le terrain, c'est ce que j'aime le plus : cela me permet de m'exprimer pleinement.	Il y a de grosses responsabilités.	Je veux être directeur des ventes car je m'en sens capable. Les responsabilités ne me font pas peur.	Je serai directeur des ventes dans 7 ans, en 2005, pour satisfaire mon goût de la réussite.
• *Marketing*	Peut-être : pourquoi ne pas devenir directeur du marketing ?	Je ne suis pas vraiment fait pour un métier de bureau.	NON.	
• *Finances*	Pas d'intérêt.			
• *Ressources humaines*	Pas d'intérêt.			
• *Recherche & Développement*	Pas d'intérêt.			
• *Juridique*	Pas d'intérêt.			

Dans la recherche de notre objectif long terme (O.L.T.), comme pour les autres objectifs d'ailleurs, il convient d'être le plus précis possible avec 5 éléments :

1. **Un sujet :** le plus souvent moi, donc « je ».
2. **Un verbe :** « je ferai... », « j'aurai... ».
3. **Un résultat.**
4. **Une date.**
5. **Le bénéfice attendu.**

Mon O.L.T. ne sera pas...	... mais sera...
« Je veux réussir une carrière. »	*« Je serai directeur des ventes dans 7 ans (en février 2005) pour satisfaire mon goût de la réussite. »*

Une fois votre O.L.T. défini avec soin, au calme, en prenant le temps de la réflexion, posez-vous toujours la question : **« Est-ce vraiment ce que je veux faire en fonction de mes valeurs ? »**

Ensuite, écrivez-le pour être au clair et l'avoir visuellement devant vous.

Quoi qu'il en soit, faites comme vous « le pouvez » et comme vous « le sentez ». L'essentiel est d'être en harmonie avec vous-même ; vous aurez toujours la possibilité de réviser votre O.L.T. si vous le souhaitez et quand vous le souhaitez : il est d'ailleurs bon de faire le point chaque fin d'année sur votre O.L.T.

Enfin, motivez-vous en visualisant mentalement les résultats.

OBJECTIF LONG TERME (O.L.T.)
→ OBJECTIF MOYEN TERME (O.M.T.)
→ OBJECTIF COURT TERME (O.C.T.)

Tout O.L.T., c'est-à-dire à 5 ans ou plus, implique nécessairement des étapes intermédiaires, réparties entre le moment de fixation et l'atteinte de cet O.L.T. Ces étapes intermédiaires sont matérialisées par des objectifs intermédiaires à moyen terme (1 à 5 ans) et à court terme (de quelques mois à 1 an).

Comme ces objectifs reposent sur des valeurs qui sont les fondements de toute une vie, fixer un simple O.C.T. ou une succession d'O.C.T. sans O.M.T. et/ou O.L.T. est faisable. Mais en procédant ainsi, nous n'allons pas au bout de la démarche, nous perdons en cohérence et en visibilité à long terme : nous ne répondons pas réellement à la question : *« Qu'est-ce que je vais faire de ma vie professionnelle ? »*

Voici des exemples d'O.L.T., O.M.T, O.C.T. suivis d'actions (à réaliser dans les jours, semaines, mois) définies pour atteindre les O.C.T.

Domaines et valeurs	O.L.T	O.M.T.	O.C.T.	**Actions** mois, semaines, jours
Valeur : carrière. « Réussir ma carrière en ayant un poste de direction pour m'épanouir professionnellement. »	Directeur des ventes dans 7 ans pour satisfaire mon goût de la réussite.	Être diplômé dans 3 ans d'une école supérieure de commerce.	Obtenir mon diplôme B.T.S. en force de vente en juin1998.	Terminer mes révisions en mai 1998 : réussir les écrits le 8 juin et les oraux le 20 juin.

Outre les objectifs court, moyen et long terme que nous nous fixons, il y a ceux fixés à l'autre ou aux autres (ex : un patron à ses collaborateurs) qui sont toujours selon les 7 critères.

Ainsi, un responsable des opérations pourra fixer à un informaticien les objectifs suivants :

O.L.T.	O.M.T.	O.C.T.	Actions
Equiper tout le réseau de vente en micro-ordinateurs en décembre 2002.	Equiper une première région de vendeurs en décembre 2000.	Equiper 3 vendeurs à titre de test en décembre 1999.	Faire une réunion de planification avec le responsable de région et les 3 vendeurs en mai 99.

DES O.C.T. AUX ACTIONS PLANIFICATION DES ACTIONS PRIORITAIRES

Les O.C.T. étant fixés (sur une période allant de quelques mois à un an), il convient de définir les actions qui permettront de les atteindre. Ces actions seront définies, datées et planifiées, c'est-à-dire réparties sur un planning comportant tous les mois de l'année. Il s'agit d'actions que nous prévoyons de faire à une date donnée, étant entendu qu'il s'agit de dates prévisionnelles qu'il vaut mieux respecter, mais que nous pouvons décaler dans le temps, si besoin est.

Ainsi, dans le cas d'un O.L.T. (« Directeur des ventes dans 7 ans ») et d'un O.C.T. (« obtenir mon B.T.S. Force de Ventes en juin 1998 »), vous pourrez insérer en avril 98 « révisions B.T.S. ».

Ce Planning d'Actions Prioritaires ou « P.A.P. », placé dans un portefeuille et/ou sur son bureau, permet d'avoir une vue synthétique de **toutes les principales actions à entreprendre sur l'année**.

De plus, il peut être revu et actualisé, par exemple une fois par mois en fonction de nouvelles actions à entreprendre, étant entendu que certaines actions peuvent très bien commencer en milieu d'année et non forcément en début d'année.

Cette planification de nos objectifs et actions prioritaires sur l'année et sur les mois sera complétée logiquement par une planification de nos objectifs et actions sur la semaine et sur la journée.

P.A.P. : PLANNING D'ACTIONS PRIORITAIRES

	1998											1999
	janvier	février	mars	avril	mai	juin	juillet	septembre	octobre	novembre	décembre	Prochain objectif
Avoir le diplôme B.T.S. cette année et être admis à l'Ecole Supérieure de Commerce		Le 12 passer concours d'école sup. de commerce	Le 20 Admission au concours E.S.C. (Ecole Supérieure de Commerce)	Révisions B.T.S.	Le 28 fin des révisions B.T.S.	Concours B.T.S. le 8 : oraux le 9 : écrits le 30 : obtention du diplôme B.T.S.		Le 8 : Début cours E.S.C. (Ecole Supérieure de Commerce)				Passer en 2e année E.S.C.

GAGNEZ DU TEMPS

Planifiez mieux à l'année/ au mois/à la semaine

Planifier : C'est programmer dans le temps les différents objectifs et actions qui ont été déterminés et hiérarchisés par ordre d'importance décroissante. Ce, en précisant :

• Le temps nécessaire pour les accomplir avec une marge de sécurité.

• Les dates de début et de fin.

▶ Il existe différents outils de planification

a. Outil spécifique à un projet

Il s'agit d'un document visualisant dans le temps les différentes étapes qui se succèdent par ordre chronologique ou par ordre de priorité, avec :

• Le temps estimé, avec les dates de début et de fin et une marge de sécurité.

• Les noms (initiales) des différents responsables.

<u>Exemple</u> : Fabrication d'une plaquette publicitaire.

Temps / Actions	JANVIER	FÉVRIER	MARS	AVRIL
1. Conception :	2 → 20 XD			
2. Ecriture :	22	→ 10 XD		
3. Frappe micro :		11 → 20 RD		
4. Relecture :		21 RD		
5. Contrat éditeur :		23	→ 10 HJ	
6. Impression :			12 → 25	
7. Livraison :				2 → 10 S
8. Début de la vente :				15 → AP

X.D. : Xavier DUCOIN - R.D. : Roland DUBRIS - H.J. : Hubert JACQUET - A.J. : Albert JACQUIM - S. : SERNAM - A.P. : Annie PIERRE

b. Outil spécifique à une période déterminée

Il mentionne vos activités sur :

1. ***Un planning annuel et mensuel*** sur lequel vous pouvez répertorier les principaux moments importants (rendez-vous, stages, voyages...). Vous voyez ainsi, sur un seul document, toutes vos activités des 6 mois à venir et particulièrement du mois actuel. Vous pouvez faire un bilan sur ce que vous avez fait d'important sur les 6 derniers mois et sur l'année.

2. ***Un planning hebdomadaire***. Vos principales actions, liées à vos objectifs court terme, ont été positionnées sur l'année, et sur différents mois. Pour que vous soyez pleinement efficace, vous gagnerez à positionner ces

actions principales, ainsi que les autres actions « de tous les jours » sur un planning hebdomadaire.

L'avantage de ce planning sera :

• D'avoir une vue synthétique et claire de toutes vos tâches à accomplir dans la semaine : ces tâches étant hiérarchisées par ordre **d'importance et d'urgence**, en déterminant qui les fera (délégation maximale).

Vous pourrez faire, chaque soir, un bilan rapide R/O et reporter les tâches non réalisées sur le ou les jours suivants.

Ce planning sera à établir, de préférence le week-end, au calme, pour toute la semaine à venir.

Il existe en librairie différents modèles de planning annuel, mensuel et hebdomadaire. Ils sont indispensables à une bonne gestion du temps : à vous de choisir celui qui vous correspond le mieux.

GAGNEZ DU TEMPS
Planifiez bien votre journée

La planification de la journée, c'est la concrétisation, heure par heure, de vos actions réparties initialement sur l'année, le mois et la semaine.

Prenez d'abord l'habitude de consacrer les premiers moments de la journée (une heure environ, de 7 h 30 à 8 h 30 par exemple), seul et au calme, à la réflexion sur **l'important peu urgent** (1).

• D'abord, anticipation et planification de vos objectifs à long, moyen, court terme, ainsi que vos actions liées à vos objectifs court terme.

• Puis, définition et hiérarchisation de vos objectifs et actions du jour, en fonction de important/urgent, en désignant le responsable de l'exécution des tâches (délégation maximale).

• Puis, procédez à l'étude d'un dossier important :

— Développement d'un projet.

— Plan marketing de lancement d'un produit.

Ce premier moment privilégié seul et au calme, que vous vous accordez à vous-même, nous l'appelons « plage réservée ou P.R. ». Vous pouvez, ensuite, traiter **l'important urgent** (2) qui appelle plus l'action : règlement d'un problème important nécessitant une décision et une solution dans la journée (régler une rupture de stock…).

Si vous exercez une activité professionnelle, le moment suivant peut être consacré à faire le point, avec votre secrétaire, pour voir avec elle la planification du jour.

• Après l'étude d'un dossier, ou d'un projet important, il est bon de se détendre une quinzaine de minutes (pause café, discussion avec des amis…) : nous savons scientifiquement que notre capacité à écouter, réfléchir ou décider, diminue après 45 minutes, 1 heure.

Cette plage de quinze minutes que vous vous réservez également est une *plage libre ou « P.L. »* pour vous « vider la tête » : par exemple, avant toute prise de décision importante.

• Après cette pause, il sera possible de consacrer environ une heure à **l'important urgent** (2) non encore réglé, ou, sinon, au **peu important urgent** (3) : un dossier à finir, un rendez-vous, une réunion, un entretien, deux ou trois coups de téléphone… nécessitant des décisions de votre part.

Entre 12 et 14 heures, ménagez-vous une P.L. d'une heure au moins pour déjeuner léger, détente, sport… Dans l'après-midi, prévoyez une plage libre entre deux périodes importantes ou urgentes, avant de terminer par les activités **peu importantes peu urgentes** (4). Puis, faites votre bilan.

• Vous vous accorderez en effet un autre moment privilégié, le soir (entre 18 h et 19 h 30), seul et au calme d'environ 30 minutes, pour faire le **BILAN R/O** : en analysant les raisons pour lesquelles vous n'êtes pas arrivé à atteindre tel ou tel objectif, vous avez pris du retard, des imprévus sont survenus, ainsi que les décisions que vous comptez prendre pour éviter à l'avenir de tels écarts.

Vous procéderez au report au lendemain de l'important non réalisé.

• **Au total, quelques principes de base :**
— 9 à 10 heures d'activité par jour avec un maximum de 12 heures d'activité (au-delà, cela devient du surmenage improductif). Forcez-vous à terminer votre journée d'activité vers 19 heures pour être **disponible** pour votre famille, vos amis…
— Le but de la journée n'est pas d'en faire plus, mais plutôt **moins** et **mieux** : seuls les résultats comptent.
— Des tâches variées : la succession d'opérations identiques engendre monotonie, lassitude, baisse de productivité.
— Au début de la journée, réflexion sur :

⇒ l'important peu urgent (1) à long, moyen, court terme, ensuite,

⇒ l'important urgent (2), puis,

⇒ le peu important urgent (3) qui « ne peut attendre », et enfin,

⇒ le peu important peu urgent (4) qui peut attendre la fin de la journée.

— Tout ceci sera visualisé sur un planning journalier, de façon **claire**
• en limitant les différentes activités par des traits, après avoir indiqué les horaires de début et de fin
— et **aérée.**
• Pas de journée *« bourrée »* ! — « Clair dans sa tête, clair sur le papier. » — Sachez dire NON au rendez-vous imprévu à caser, au coup de téléphone de dernière minute.

En fin de semaine, le vendredi, faites un bilan R/O de la semaine, puis reportez à la semaine suivante, selon le degré d'importance et/ou d'urgence ce qui était prévu mais n'a pu être réalisé.

▶ En conclusion :

Il ne sert à rien de dire : *« Je sais ce que j'ai à faire : pas besoin de planifier, ni de l'écrire sur un agenda »*, car la réflexion et la planification vous forcent à être plus efficace et vous font apparaître certaines incohérences dans votre gestion du temps. Dites-vous : « *Tous les jours de ma vie, je me réserverai un temps privilégié de réflexion sur l'important.* » Le temps vous le rendra !

Voici un exemple de planification journalière mettant en pratique ces principes :

— La liste des tâches à accomplir dans la journée.
— Leur classification en important et/ou urgent (1 à 4).
— Le responsable de l'exécution de ces tâches (Qui ?).
— La hiérarchisation des tâches à accomplir qui pourront être mises sur un agenda.

EXEMPLE DE PLANNING D'UN CHEF (ZORTON

(Vendredi

Actions à entreprendre aujourd'hui.	I/U a)	QUI b)
1. Fixer la date d'interview (journal du Marketing) pour le lancement du ZORTON.	4	S
2. Entretien avec le comptable.	3	M
3. Etude devis agence pour la campagne publicitaire SIRVAM.	3	M
4. 2 parapheurs à signer, urgent !	4	M
5. Lire revue mensuelle de Marketing.	4	M
6. Signature bons à tirer documents de campagne.	4	M
7. Rendez-vous avec Michel avant 12 h 30.	4	S
8. Rédiger prochaine campagne de promotion SIRVAM pour les ventes.	2	M
9. Elaborer le plan de marketing pour le lancement ZORTON.	1	M
10. Rédiger un projet de questionnaire pour les utilisateurs du SIRVAM : à transmettre aux ventes ce soir.	2	M
11. Téléphoner à Alain : problème à résoudre ce matin sur les stocks (rupture possible).	2	M
12. Examiner les chiffres de ventes du jour.	4	M
13. Réunion 14 h 30 avec l'agence pour le lancement ZORTON.	2	M

a) 1 = Important peu urgent - 2 = Important urgent - 3 = Peu important urgent. - 4 = Peu important peu urgent.

b) M = Moi-même ; S = Secrétaire.

JOURNALIER PROFESSIONNEL DE PRODUITS ET SIRVAM)

25 avril)

Emploi du temps prévu pour la journée.	
8 h 00 **P.R. à** 8 h 30	**1. Important peu urgent** ANTICIPATION - PLANIFICATION O.L.T. / O.M.T. / O.L.T. / Actions
9 h 00 **P.R.** 9 h 30	**1. Important peu urgent** DOSSIER IMPORTANT (exemple) — Plan marketing du lancement ZORTON.
10 h 00 10 h 30 **P.L. 10 h 45**	**2. Important urgent** — Téléphoner Alain : problème sur les stocks. — Point avec la secrétaire. **— Détente.**
11 h 00 11 h 30	**2. Important urgent** — Rédaction campagne SIRVAM.
12 h 30	— Déjeuner léger.
13 h 00	**2. Important urgent** — Rédaction projet SIRVAM.
14 h 00 14 h 30	— Questionnaire utilisateurs SIRVAM. — Réunion avec l'agence : lancement ZORTON.
P.L. 15 h 45	**— Détente.**
16 h 00 16 h 30	**3. Peu important urgent** — Etude devis avec agence de publicité : SIRVAM. — Entretien avec comptable : budget SIRVAM.
17 h 00 17 h 30	**4. Peu important peu urgent** — Chiffres ventes de SIRVAM. — Signature bons à tirer. — Signature parapheurs. — Revue mensuelle de marketing à lire ce week-end.
P.R. 18 h 00 18 h 30	— **BILAN R/O.** — Préparation semaine prochaine : report des activités.

COMMENTAIRES

Eu égard à la fonction (ici chef de produit) avec un seul niveau hiérarchique, la délégation des tâches se fait au niveau de la secrétaire (prise de rendez-vous...). L'examen des tâches de la journée montre qu'il y a en fait trois sujets importants qu'il convient d'étudier et de traiter à fond par le chef de produit lui-même (et qu'il ne peut déléguer), faute de quoi les problèmes surgiront :

— La réussite du lancement ZORTON est capitale. Bien que le lancement soit dans un an, il convient de l'anticiper au plus tôt et de le situer en tête des priorités, en élaborant le plan de marketing.

— La prochaine campagne SIRVAM est importante pour la relance du produit et urgente (les ventes l'attendent). Il s'agit là d'une deuxième priorité.

— De même, le projet de questionnaire des utilisateurs de SIRVAM est important et surtout urgent (attendu par les ventes ce soir).

— Entre-temps, rendez-vous avec la secrétaire à qui vous pouvez déléguer :

⇒ La prise de rendez-vous pour l'entretien avec le journaliste (l'interview ZORTON).

⇒ La fixation d'un rendez-vous à 16 h 30 avec le comptable, et d'un rendez-vous avec Michel.

— En fin de journée :

⇒ Examen des ventes du jour SIRVAM. ⇒ Signature bons à tirer. ⇒ Signature parapheurs.	} Tâches peu importantes et peu urgentes car il n'y a aucun élément très urgent à signer immédiatement.

— En fin de semaine, il convient toujours de préparer la semaine suivante en focalisant sur l'important. Par exemple :

⇒ Finalisation du plan marketing ZORTON : prévoir 4 heures de travail lundi et mardi matin : 2 plages réservées de 8 h 30 à 10 h 30.

⇒ Puis, nouvelle réunion avec l'agence pour le lancement ZORTON à prévoir en fin de semaine.

GAGNEZ DU TEMPS

Soyez à l'écoute

Dès la maternelle, nous apprenons à lire, à écrire, à compter, mais, grave erreur, nous n'apprenons pas à écouter.

Aussi, vous constatez tous les jours les « dégâts » d'une mauvaise écoute. Que d'heures perdues, que de malentendus, que de démotivations !

▶ Que se passe-t-il la plupart du temps ?

• Soit nous n'écoutons pas : c'est rare.

• Soit, le plus souvent, nous écoutons, mais mal. C'est-à-dire passivement, en ne retenant par un premier filtre que ce qui nous intéresse directement, puis nous comprenons une partie de ce que nous avons écouté, puis nous mémorisons une partie de ce que nous avons compris.

• Et nous substituons finalement, souvent, une autre façon de voir les choses à celles de notre interlocuteur.

• Avec à la clef mauvais dialogue, malentendus, conflits.

• Quelle **déperdition**, entre la qualité des propos émis par l'un et la qualité des propos retenus par l'autre ! Vous devez donc essayer d'écouter, ou mieux, d'écouter **activement**, c'est-à-dire :

a) Avoir un comportement de réceptivité : bien accueillir votre interlocuteur, le mettre à l'aise, ne pas lui imposer une contrainte de temps.

b) Vous intéresser à lui, en lui manifestant une considération réelle et sincère.

c) Lui permettre de formuler son problème, développer son point de vue, sans l'interrompre.

d) Vous mettre à la place de votre interlocuteur pour comprendre son point de vue, ce afin de lui proposer des solutions qui lui seront possibles, donc acceptées, ce en le respectant sans jamais l'agresser, le juger, ni le culpabiliser, sans vous impliquer émotionnellement et en étant le plus objectif possible. Votre interlocuteur sentira alors votre souci d'écoute, verra qu'il a été entendu et compris et exprimera alors sincèrement ses sentiments.

Ce n'est qu'après cela que vous vous exprimerez en faisant valoir vos arguments pour aboutir finalement à un vrai **dialogue** beaucoup plus fructueux et souvent à une **résolution des problèmes** acceptable par les deux parties.

L'écoute **active**, seule véritable écoute, nécessite une volonté et une envie de le faire. Il existe des techniques qui visent à obtenir l'accord du sujet pour aller plus loin dans le dialogue. Elles consistent brièvement en :

1. La répétition de ce qui vient d'être dit pour montrer à votre interlocuteur que vous voulez créer un climat de confiance propre à l'échange, que vous avez envie de bien comprendre.

2. Puis très vite vous devez quitter la répétition pour passer à **la reformulation** des propos émis, c'est-à-dire la reprise en d'autres termes de ce qui vient d'être exprimé.

Exemple : A : « Mon travail m'épuise. »
B : « Vous voulez dire que physiquement vous n'en pouvez plus ? »
A : « Oui, c'est bien cela. »

3. Enfin, **essai prudent d'interprétation** des propos, en essayant de comprendre et d'aller plus loin (le **pourquoi** ?).

Exemple : A : « J'en ai assez de ce travail. »
B : « Pourquoi en avez-vous assez ? »
A : « Parce que j'en ai assez. »
B : « Je comprends bien que vous en ayez assez, mais voulez-vous dire qu'il vous fatigue beaucoup ? »
A : « Non, ce n'est pas cela. Je ne suis pas fatigué. »
B : « Alors, pourquoi ? parce que vous en avez fait le tour ? »
A : « C'est cela, j'ai envie de faire autre chose. »

4. En étant concis : **posez des questions simples**. Car les bonnes questions sont souvent simples et elles appellent alors de bonnes réponses. Souvent, il vous faut servir de **starter**, de catalyseur pour votre interlocuteur, pour l'aider à y voir plus clair en lui-même. Grâce à vous et à vos conseils, il découvrira souvent lui-même les solutions à ses propres questions en étant plus imaginatif.

Mais surtout CLARIFIEZ les notes, les phrases de votre interlocuteur. Pour pouvoir mieux écouter, ne vous laissez pas parasiter par des mots flous, voire « déstabilisants ». N'hésitez jamais à poser des questions surtout quand vous discutez avec des experts (ou soi-disant) au langage abstrait. Face à : « Nous avons réalisé un teasing avec recall test suivi d'un mapping... », après avoir écouté poliment, n'hésitez pas à dire : « Avant d'examiner vos conclusions, pouvez-vous me préciser ce que vous entendez par teasing et comment vous l'avez réalisé ? »

Donc, être à l'écoute, c'est :
— Savoir consacrer du temps à votre interlocuteur avec l'envie de le comprendre.
— Sentir le moment propice pour le faire (tôt le matin, en fin de journée).
— Instaurer un climat de confiance et de respect mutuel.

Faites-le par ANTICIPATION, c'est-à-dire avant que les problèmes arrivent. Enfin, suivez un stage d'écoute active : c'est un des meilleurs investissements en temps qui soient.

GAGNEZ DU TEMPS
« **Déléguez** »

Déléguer : — C'est transférer à quelqu'un la responsabilité de tout ou une partie d'une opération que l'on maîtrise.

— Ce n'est surtout pas se débarrasser de quelque chose.

La première des questions est donc : « Qu'est-ce que je fais habituellement qui pourrait être aussi bien fait par d'autres ? »

Pourquoi déléguer ?

Pour gagner du temps pour soi-même et donc être plus efficace en responsabilisant et valorisant l'autre.

Que déléguer ?

Ce que nous savons faire et qui peut aussi bien être fait par d'autres.

A qui déléguer ?

Celui qui délègue (le délégueur ou le déléguant) donne la responsabilité d'une opération au délégataire, c'est-à-dire à la personne qui est à l'échelon le plus bas de la compétence requise, qui est volontaire, motivée, qui accepte la responsabilité et aura le droit à l'erreur : car il faut pousser la délégation le plus loin possible pour être vraiment efficace.

Comment déléguer ?

1. Le délégueur définit l'objectif et les résultats attendus.
2. Le délégueur et le délégataire négocient ensemble :
   — les moyens (financiers, matériels, humains...) ;
   — les délais ;
   — les contrôles de l'état d'avancement du projet : en fixant les étapes et les niveaux de contrôle, non pas pour sanctionner mais pour aider ;
   — l'évaluation finale.
3. Le délégueur définit enfin :
   — l'étendue de la délégation : en cas de doute, il vaut mieux déléguer une partie, la plus facile, de la tâche ;
   — les avantages pour le délégataire (prime, augmentation de salaire, promotion, valorisation...) ;
   — les marges d'erreurs possibles, les risques ;
   — l'esprit de la délégation : confiance réciproque et absence de sanctions en cas d'échec.

Il faut donc :

— Prendre le temps d'expliquer et de s'assurer que tout a été bien compris.

— Ne pas hésiter à modifier les données en cours de réalisation, si vous voyez que :

- Des difficultés fortes apparaissent.
- Des délais seront difficiles à tenir.

— Motiver par la confiance.

— Aider si besoin, et surtout au début.

Déléguez : tout ce qui peut être délégué. *Exemples :*

	A sa secrétaire
La plus grande partie du **« peu important, peu urgent »**	• Classement/Photocopies • Prises de R.D.V. « standard » • Rédaction de courriers « types »
	A ses collaborateurs
Une partie du **« peu important, urgent »**	• Animation de réunions… • Rédaction de documents

Ne déléguez pas : tout ce qui ne doit être décidé que par vous, et implique votre responsabilité.

Exemples :

	Décisions qui engagent **le présent**
La plus grande partie du **« important urgent »**	• Règlement de conflits graves. • Règlement d'un plan de recrutement, de licenciement.
	Décisions qui engagent **le futur**
Une partie de **« important, non urgent »**	• Rachat d'une société. • Journal d'entreprise. • Plan de recrutement.

Néanmoins, certains types de responsabilités, ci-dessus, peuvent être délégués, quand il s'agit, non pas de DÉCIDER, mais de préparer, réaliser, contrôler… Vous pouvez très bien décider d'un plan de recrutement dont la réalisation et le contrôle seront délégués.

Enfin, il faut savoir éliminer les pseudo-arguments de la non-délégation :

- Pas le temps.
- Peur du risque.
- Peur de paraître inutile, si le délégataire réussit ce que vous devez faire, car la décision sera toujours la vôtre !

⇒ Une bonne délégation, c'est une synergie de potentialisation (1 + 1 = 3 !).

⇒ Une mauvaise délégation, c'est une synergie de destruction (1 + 1 = 0 ou – 1). Mais il y aura toujours eu l'expérience de cette délégation.

Enfin, plus qu'un acte isolé de délégation, l'essentiel est d'avoir le réflexe, l'état d'esprit, la philosophie de délégation qui, à moyen et long terme, s'avérera toujours très payante.

GAGNEZ DU TEMPS
Dites non

1. Une des façons les plus efficaces de décider est de savoir dire NON ! Une question est alors fondamentale : qui gère mon temps ? Moi ou les autres ?

Ne pas savoir dire NON, c'est accepter de dire OUI aux autres, aux événements, (paperasse, réunions...) qui en fin de compte vont gérer votre temps. Et le feront mal puisqu'ils vous connaissent mal.

2. Souvent, vous voudriez pouvoir dire NON, mais vous n'y arrivez pas. Si vous dites oui en pensant non, vous dites d'abord non à vous-même : vous vous mentez, vous n'êtes pas en harmonie avec vous-même, et vous trompez l'autre !

Or, pas d'harmonie ⇒ Pas de confiance

MENSONGE PAS D'HARMONIE	Je pense NON, ↓ Je dis OUI à l'autre, ↓ L'autre pense que je pense OUI. ⇓	Je pense NON, ↓ Je dis NON à l'autre, ↓ L'autre pense que je pense NON. ⇓	**VÉRITÉ HARMONIE**
	PERDANT/PERDANT	**GAGNANT/GAGNANT**	

⇒ Pas de maîtrise !

3. Par ailleurs, c'est une erreur de penser que vous n'êtes pas capable de dire NON. Il y a toujours des moments dans votre vie où il vous arrive de dire NON, même s'ils sont rares.

Donc, vous en êtes capable. Ce qu'il faut, c'est bien voir où sont vos priorités et ne pas accepter d'y renoncer, sous prétexte de faire plaisir à l'autre. Être « clair dans sa tête » aide à être en harmonie avec soi-même.

4. Dire NON, c'est éviter d'être démagogue, de faire plaisir pour « être bien vu ». Dire NON est un <u>acte de courage</u>, de <u>confiance en soi</u>, de liberté.

Il faut dire NON uniquement quand c'est nécessaire, mais le dire et l'expliquer calmement, de façon **non agressive** :

- préciser les faits

⇓

- les raisons de votre désaccord

⇓

- l'intérêt pour les deux parties de trouver une solution (gagnant/gagnant).

5. Mieux vaut savoir dire un NON authentique, justifié et qui fixe les limites, qu'un oui de complaisance, un « flou artistique » qui au mieux, ne règle rien, au pis aggrave la situation.

6. • Enfin dire NON, c'est très souvent pour mieux dire OUI après. En premier lieu, précisez toujours à votre interlocuteur que dire NON n'est **pas le remettre en cause** mais être simplement en désaccord sur l'idée, la proposition. Ensuite, essayez toujours de faire **une contre-proposition**.

• Expliquez toujours à l'autre les avantages du NON

pour les deux parties en montrant que de Perdant / Perdant, vous deviendrez ensemble Gagnant / Gagnant.

« Je te dis NON *car le faire maintenant, ce serait mal le faire. Par contre, je te promets de m'en occuper ce soir... »*

7. • Mais dans quelles circonstances faut-il dire NON ? Quand vous n'êtes vraiment pas d'accord avec votre collègue ou votre collaborateur, vous devez dire NON.

• Par exemple, vous avez une divergence de point de vue : vous avez tout à fait le droit de ne pas être d'accord avec une méthode, un moyen, un objectif et de refuser de vous engager, alors vous dites clairement : « Non, je ne suis pas d'accord. » Dans le cas particulier d'un désaccord avec votre patron sur une stratégie, une idée, une mission, il est généralement très difficile de dire NON. Exprimez alors votre point de vue en lui précisant calmement les raisons pour lesquelles vous êtes en désaccord avec lui, étant bien entendu que s'il ne change pas d'avis, vous réaliserez au mieux ce qu'il vous confie.

Il s'agit donc de dire NON, quand vous constatez que :

a) Les règles du jeu n'ont pas été appliquées :

« Vous désirez me voir tout de suite, mais vous n'avez pas pris de rendez-vous. »

⇒ Rendez-vous non pris alors je dis : « NON, cela ne m'est pas possible, par contre je vous propose... »

b) C'est contraire à vos principes :

« Ce que vous me proposez me choque, je ne suis pas d'accord. »

⇒ principes non respectés.

3. Il y a, en fait, des tentatives subtiles de manipulation (collègues) :

Ceux qui essayeront par là de se décharger de leurs responsabilités sur vous *(« j'aimerais avoir votre avis sur... »).*

8. Commencez par dire NON dans les cas les plus faciles. Exemples :

— Si vous désirez ne pas être dérangé pendant une période de temps : fermez votre bureau, faites filtrer vos appels : c'est une façon non verbale de dire NON.

— Si quelqu'un vous a promis quelque chose, ne l'a pas tenu, et vous propose autre chose de moins intéressant.

• Vous arriverez ensuite à dire NON pour régler des cas plus difficiles :

— Par exemple : dire non à quelqu'un qui aurait pu vous procurer un avantage immédiat pour un plus grand désavantage futur.

▶ En conclusion

Pensez toujours qu'il vaut mieux que vous soyez d'abord en harmonie avec vous-même : ne trichez pas avec vous-même, et les autres ne pourront pas tricher avec vous !

GAGNEZ DU TEMPS
Décidez

Décider : c'est choisir entre plusieurs solutions, de manière souvent définitive, et en assumant un risque. C'est renoncer à toutes les autres possibilités qui s'offrent à nous. Et tant que nous pouvons les avoir, nous estimons être maîtres de la situation ; mais les éliminer nous rend, pense-t-on à tort, plus vulnérables.

Par ailleurs :

1. Nous avons souvent du mal à décider parce que nous n'avons pas toutes les informations pour le faire.

Le QUOI : le problème est mal défini.

Le POURQUOI : quels sont les avantages réels de changer ?

Le COMMENT : quelles seront les conditions réelles ?

Le QUAND, le COMBIEN...

2. Alors souvent, nous prenons le prétexte d'un pseudo-manque d'informations et nous passons du temps, et encore du temps, à rassembler le plus d'éléments, pour, en fait, nous sécuriser ; et,

3. comme il est difficile de nous avouer que nous doutons de nous, de notre capacité d'adaptation, que nous avons peur des risques et du caractère souvent définitif de la décision (impossible de revenir en arrière), nous invoquons souvent de « fausses bonnes » raisons. *(« Ce*

n'est pas si important que cela, ou si urgent... », « Je fais d'abord ceci, je prendrai une décision après... »).

C'est en fin de compte un faux problème. Car, pendant que nous pesons soigneusement les arguments, le temps tourne, les autres agissent et à chaque minute les conditions changent ! Une semaine, un mois après, la décision n'a plus le même intérêt, et souvent, le destin ou les concurrents ont décidé pour nous.

Nous avons laissé, plus ou moins inconsciemment, les autres décider pour nous et maîtriser la situation à notre place !

Enfin, ne pas décider, c'est décider quand même : c'est décider que nous ne décidons pas, que nous nous figeons, que nous allons **subir** la situation. Là aussi, il y a un risque :

- Vis-à-vis de nous-même ⇒ nous <u>fuyons</u> la décision.
- Vis-à-vis des autres ⇒ nous donnons l'image de quelqu'un qui se dérobe.

Alors, il faut se demander à soi-même : qu'est-ce que je préfère ?

- Changer avec ses progrès, ses émotions, ses angoisses, ses risques.
- Ne pas changer avec sa sécurité, sa monotonie, ses risques aussi.

Quand nous savons que ce sont les **premières secondes** qui « coûtent le plus » pour décider, qu'après, cela vient tout seul comme de nager dans une eau un peu fraîche au début...

Alors, il faut savoir prendre des décisions. Non pas les décisions faciles que l'on prend « naturellement », mais <u>les décisions importantes</u>.

Et, pour bien décider, respectons donc les 7 étapes de la décision.
1. Quel est le problème posé ? : le QUOI.
2. Quelles sont les causes du problème ? Le POURQUOI ? et quelles sont les données importantes qui vont nous permettre d'identifier les causes ?

Bien définir : Q : quelles sont les informations dont j'ai besoin ? - **Q : quand** les obtenir ? - **O : Où** puis-je les obtenir ? - **Q : qui** peut me les donner ? - **C : comment** les analyser ? - **C : combien,** à quel prix ?

En se fixant une date limite d'obtention des informations.

3. Elaborons les solutions.

4. Evaluons ces solutions : avantages, inconvénients, risques avec une probabilité de taux de succès.

5. Hiérarchisons-les.

6. Décidons : c'est-à-dire choisissons la solution qui nous paraît la meilleure et retenons-la comme OBJECTIF. Préparons aussi une stratégie de substitution en cas d'échec et fixons-nous une date limite pour décider.

7. Contrôlons : (R/O) l'écart entre le réalisé et l'objectif.

En conséquence, centrons-nous sur l'objectif que nous nous sommes défini et trouvons la solution pour l'atteindre.

Enfin, pensons toujours à diviser un problème difficile en parties simples : la décision en sera facilitée.

DÉCIDER : c'est prendre ses responsabilités,
c'est s'assumer,
c'est se valoriser à ses propres yeux.

Et c'est cela qui compte, alors DÉCIDEZ, car QUE RISQUEZ-VOUS ?

Comme disait Nietzsche :

« Ce qui ne nous tue pas nous rend plus forts ! »

GAGNEZ DU TEMPS
Tenez vos promesses

Gagner du temps :

« Quand tout aura été dit et fait, beaucoup plus aura été dit que fait. »

Mac-Luhan

Promettre, c'est s'engager verbalement ou par écrit à dire, à faire (donner quelque chose) et s'engager, c'est se lier par un accord verbal ou écrit.

C'est donc une grave erreur que de faire une promesse que vous ne pourrez pas tenir, cela vous discréditera, vous ôtera toute fiabilité face à vos collègues, votre patron.

On ne vous croira plus et vous aurez une image qui vous collera à la peau « de celui qui ne tient pas ses engagements ». Alors, tenez vos promesses ou n'en faites pas.

Si vous n'êtes pas sûr du résultat, dites : *« Je ne peux te promettre de réussir, mais je m'engage à essayer »*, car l'engagement, le respect de la parole donnée, comptent tout autant que le résultat. On pensera malgré tout : il a fait ce qu'il a dit qu'il ferait.

Et n'oubliez pas que tenir ses promesses, c'est bien, mais les tenir **longtemps**, c'est vraiment être digne de confiance.

Être digne de confiance, c'est, par exemple, toujours :

— Rembourser en temps et en heure ce qu'on vous a prêté
— Être à l'heure
— Toujours terminer un rapport à temps
— Se taire
— Etre fidèle

} quand on s'y est engagé.

Enfin, il est tout aussi important de tenir les promesses qu'on a faites à soi-même : d'être fidèle à ses valeurs, ses idées.

Pour tenir ses promesses, il faut avoir confiance en soi : donc bien **se connaître**.

Si vous savez que vous êtes pleinement efficace quand vous connaissez surtout bien le sujet, commencez donc par promettre dans un domaine connu de vous.

Sur un sujet moins connu, entourez-vous d'un maximum d'avis, de conseils avant de promettre.

Et si vous vous apercevez que vous vous êtes engagés à la légère et que vous ne serez probablement pas capable de tenir votre promesse, prévenez le plus tôt possible la personne en question en lui expliquant pourquoi.

Faute avouée est à moitié pardonnée…

GAGNEZ DU TEMPS

Ayez de la méthode, ayez de l'ordre

Quelques principes

Une règle : « Une place pour chaque chose et chaque chose à sa place. »

• Rangez et soyez capable de situer, voire de prendre, un objet les yeux fermés.

• Ayez à portée de main ce dont vous vous servez souvent.

• Un bloc-notes à idées dans la voiture, dans votre portefeuille.

Ayez des gestes réflexes

• Quand vous quittez un endroit (bar, restaurant, chambre d'hôtel...), retournez-vous systématiquement pour vérifier si vous n'avez rien oublié. Vous verrez, vous vous habituerez vite !

• Gardez les agendas des années précédentes (utiles pour vos bilans).

• Groupez vos rendez-vous en une plage horaire, en évitant les allers-retours (ex. : de 16 h à 19 h : avocat + banque + fitness).

• Prenez tous vos rendez-vous de la journée et si possible de la semaine, le lundi matin, en les marquant sur votre agenda.

Votre bureau

a) Votre bureau est à votre image (la première est souvent la définitive) : il parle de vous et dit du bien de vous. Il doit être beau et convivial. Vous y passez une partie de votre vie professionnelle, alors, si possible, personnalisez-le :
• Photos, tableaux que vous aimez, objets…
• Belle horloge (le temps qui passe)
• Diplômes, trophées
• Plantes vertes…
• Evitez les courbes de productivité, les plannings muraux, les armoires métalliques…

b) De l'espace, de la clarté, de l'air ! Y voir clair, c'est voir clair dans sa tête !
• Pas de piles de dossiers (rien de pire pour les visiteurs, surtout des piles à même le sol).
• Pas de cendriers pleins de mégots.

c) Sur votre bureau :
• Un agenda, un téléphone, une liste de numéros de téléphone, si possible 4 bacs classeurs (important peu urgent, important urgent, peu important urgent, peu important peu urgent), pas de post-it partout…
• Le document dont vous venez de vous servir : classez-le !

• Aucun document ne doit y séjourner plus de 8 jours : le soir, bureau net, pas de documents.

d) Retour de bureau : par exemple avec micro, fax…

e) Dans les tiroirs, les « outils » habituels, avec en plus :

• Doubles de clefs ; du bureau de votre secrétaire, de votre voiture, de la maison…
• Carte de France, guide Michelin, plan de Paris…
• Photocopies : carte d'identité, permis, passeport, cartes de crédit…
• Liste des logiciels de votre secrétaire…
• Vos documents confidentiels
• Vos dossiers étiquetés sous formes de classeurs à anneaux avec des jeux de 12 intercalaires à l'intérieur classés par ordre alphabétique et par couleur…
• Pas de vieux documents, coupures de presse, agendas périmés, vieux stylos…

GAGNEZ DU TEMPS

Faites des dossiers !

Les dossiers, les feuilles de projet, un échéancier, peuvent vous aider à gagner un temps considérable.

Ayez des dossiers

Chaque dossier sera composé de différentes rubriques qui comporteront elles-mêmes différents documents ou feuilles de synthèse.

DOCUMENT	A la rubrique...	A mettre dans un dossier
Synthèse de la campagne publicitaire ZORTON.	Publicité.	ZORTON

Il est donc intéressant d'avoir des dossiers, type classeurs à anneaux avec des intercalaires.

▶ **Exemples :**
1 dossier produit ZORTON avec différentes rubriques (distribution, prix, marketing, promotion...).

Ce système avec intercalaires est très pratique car il permet d'avoir accès directement à la rubrique désirée, et peut être emmené chez votre avocat, banquier... Il sera régulièrement revu pour éliminer l'inutile.

Ayez des feuilles de projet

C'est un document qui résume toutes les actions passées sur un projet donné, et qui permet en quelques instants d'en avoir une idée précise. C'est le type même de document qui peut être géré par une secrétaire.

▶ **Exemple : Feuille de projet de la campagne publicitaire ZORTON.**
Elle précisera en style télégraphique, par ordre chronologique, les différents événements survenus et les différents acteurs (avec leurs initiales) de ce projet.

Plaquette publicitaire ZORTON — Année 1997	
P.A. : Patrice ARNAUD (chef de produit). C.M. : Catherine MARTIN (chef de publicité de l'agence HÉLICE).	
DATES :	
02/01/97	Tél : P.A. → C.M. : demande de devis (C.M. l'envoie).
05/01/97	P.A. : réception de devis.
08/01/97	Lettre P.A. → C.M. : Accord sur le devis.

02/01/97 : Patrick ARNAUD téléphone à Catherine MARTIN pour lui demander un devis sur la plaquette publicitaire. Ce devis lui parviendra le 5 janvier 1997.

05/01/97 : Réception du devis par Patrick ARNAUD.

08/01/97 : Lettre de Patrick ARNAUD à Catherine MARTIN pour lui confirmer son accord sur le devis.

Ayez un échéancier

C'est un document comportant 32 compartiments (1 par jour, plus un compartiment « mois suivant »), tenu par votre secrétaire qui classera à l'avance tous vos documents (programmes de réunions, dossier à lire, invitation à une conférence) dont vous aurez besoin au jour considéré.

GAGNEZ DU TEMPS
Écrivez

Les vertus de l'écrit ont déjà été soulignées par rapport au « verbal ».

Ecrire force à :
— la réflexion donc à la clarté ;
— éviter les pièges du verbal : malentendus, mauvaise écoute, non-dit ;
— la responsabilisation : *« Les paroles s'envolent, les écrits restent, surtout quand ils sont datés et signés. »*

Quand quelqu'un vous inonde verbalement d'explications, que vous comprenez plus ou moins bien, ce n'est pas le plus souvent parce que vous comprenez mal, mais parce que **les explications ne sont pas claires**. Après l'avoir écouté, demandez-lui une note de synthèse, d'une ou deux pages avec :
• Les faits.
• Les commentaires : trop souvent, les personnes se contentent de transmettre des informations sans prendre position. Demandez-leur leurs recommandations ou les décisions qu'elles préconisent.

Ecrire, c'est très souvent investir intelligemment son temps, car quel gain de temps au bout du compte, en malentendus évités, en décisions mieux réfléchies et plus efficaces !

GAGNEZ DU TEMPS
Lisez mieux

Dans un monde de surcharge maximale en écrans de toutes sortes : télé, vidéo, informatique, cinéma, il est capital de préserver cette vertu essentielle qu'est la lecture. Il est donc indispensable de se réserver des moments **privilégiés** pour la lecture dans la journée (tôt le matin, tard le soir), dans le week-end et durant les vacances.

Mais il est tout aussi indispensable de faire le **TRI** dans ce qui vous inonde pour **choisir** ce qui répond à vos besoins : livre pour la détente, livre de réflexion, abonnement à une revue professionnelle, ainsi qu'à une revue sur vos loisirs préférés : bricolage, voyages, sport, culture…

Plutôt que de lire tout ce qui tombe sous la main, mieux vaut lire **peu** mais **bien**. Ne pas hésiter à INVESTIR le maximum de temps sur un livre qui vous fait réfléchir et donc vous enrichit :
- en relisant certains passages ;
- en notant les mots clefs ;
- en prenant des notes, faisant des commentaires, fiches de synthèses de l'ouvrage sur une, deux pages.

La mémorisation et l'impact en seront bien meilleurs. Et quand vous lirez un deuxième, puis un troisième ouvrage ayant trait au même sujet qui vous intéresse (la fidélisation de vos clients, le plan marketing...), pouvoir relire vos premières fiches et les compléter vous sera d'un grand intérêt.

Lisez complètement en une fois un document (de quelques pages) important pour vous, plutôt que d'interrompre et recommencer, mais n'hésitez pas à investir du temps à la relecture.

La lecture rapide a ses avantages à condition de ne pas se stresser :

Le but étant de multiplier par 2 ou 3 votre vitesse de lecture :
• en vous concentrant préalablement avec la volonté de lire plus vite et mieux ;
• en vous servant de votre index comme guide (le doigt suit l'intégralité ou une partie du texte) ;
• en vous évertuant à saisir la globalité du texte et son message au travers des mots clefs que vous repérez : le souvenir de **ces mots clefs** fera évoquer l'ensemble du message ;
• en repérant **les idées principales** d'un message, qui répondent aux 7 questions qui, quoi, où, quand, comment, combien, pourquoi (qqoqccp) ;
• en passant vite sur les phrases redondantes ;
• en vous fixant des objectifs de progrès en vitesse de lecture, mesurée par exemple chaque mois.

Mais ne vous improvisez pas d'emblée lecteur rapide : faites un stage. Enfin, il est bon de noter que l'objectif premier de la lecture n'est pas la rapidité, mais l'enrichissement au travers de la réflexion.

GAGNEZ DU TEMPS

Ayez les bonnes informations

Informez-vous efficacement et régulièrement (allez à la bibliothèque de votre quartier...) :

• **En ayant les bonnes sources :**

1. *Sources officielles :*
— I.N.S.E.E. (= Institut National de la Statistique et des Etudes Economiques).
— C.R.E.D.O.C. (= Centre de Recherche pour l'Etude et l'Observation des Conditions de vie).
— C.N.R.S. (= Centre National de la Recherche Scientifique).
— I.N.S.E.R.M. (= Institut National de la Santé et de la Recherche médicale)...

2. *Livres spécialisés* (marketing, finances...) de librairies spécialisées.

3. *Editeurs spécialisés dans un domaine précis* (faites-vous envoyer régulièrement les nouveaux ouvrages parus).

4. *Les journaux spécialisés* (économie, finance, informatique, sport...) en vous abonnant.

5. *Les journaux généralistes* (*Le Monde*...).

• **En consultant les experts :**

— dans votre entreprise (directeur financier, directeur du personnel...) ;
— à l'extérieur : n'hésitez pas à consulter un expert en préparant bien votre entretien (check-list de questions).

• **En assistant à des conférences sur vos sujets de prédilection.**

GAGNEZ DU TEMPS
Utilisez les bons outils

Gagner du temps, c'est utiliser toutes les technologies modernes en trouvant un équilibre entre le « pas assez » et le « trop » d'utilisation (les drogués des micro-ordinateurs).

VOICI LES PRINCIPAUX OUTILS INDISPENSABLES

1. *Agenda modulaire*
Avec agenda, répertoire d'adresses, plans du jour, de la semaine, cartographie… C'est un outil pratique car :
- Il groupe un ensemble de fonctions professionnelles et personnelles.
- Il est rechargeable.

2. *Courrier électronique*
- **Fax :** envoi à l'autre bout du monde d'un document

photocopié à l'avance, ce grâce à une ligne téléphonique.

Avantages : — rapidité, précision, vertus de l'écrit ;
— transportable et peut être branché sur une prise de téléphone ;

• **E-mail (Electronic Mail) :** échanges très rapides par écrans interposés d'informations entre différents interlocuteurs, ce quels que soient le lieu et l'heure.
Avantages : supprime le papier, le téléphone, décharge la secrétaire ou assistante de toute frappe.
Contrainte : tous les utilisateurs doivent être sur le même système.

3. *Téléconférence / vidéo-conférence*
Permet à plusieurs participants situés dans différents endroits d'un même pays ou dans des pays différents de communiquer par le son et l'image.

4. *Répondeur enregistreur sur votre téléphone*
Permet de sauver des informations, c'est-à-dire de gagner du temps.

5. *Téléphone portable*
Indispensable pour joindre ou (si on le désire) être joignable à tout moment.

6. *Minitel avec imprimante*
Utile pour consulter les banques de données.

7. *Micro-ordinateur* (portable si possible)
Les utilisations : fax, E-mail, minitel, téléconférences/vidéo-conférences peuvent être utilisés par le biais de cet outil.

8. *Magnétophone de poche*

9. *Radio-messagerie* (alphapage)
C'est en fait souvent un instrument de jeu (sauf pour les appels d'urgence : hôpital...) pour les jeunes, précédant l'achat d'un téléphone portable.

10. *Agenda électronique (Time organiser)*
Utile car permet la tenue d'agenda, le classement des informations (numéros, téléphones, adresses...), la programmation des réunions.

GAGNEZ DU TEMPS
Mémorisez !

Les études montrent que nous utilisons au mieux 20 % de notre potentiel de mémorisation. Pour être un allié précieux, votre mémoire a besoin, comme vous, d'une gymnastique quotidienne : alors, entretenez-la !

Concentrez-vous

Améliorez vos capacités d'observation, en vous concentrant mieux ! La première chose étant de vous préparer mentalement, en vous **motivant** pour atteindre votre objectif : mieux vous souvenir.

Ayez le regard actif

Comme pour l'écoute active, les difficultés de mémorisation sont le plus souvent liées à un manque d'attention. Pour bien mémoriser, il faut le **vouloir** en vous concentrant sur ce que vous voulez retenir : les signes distinctifs d'un visage…

Par exemple, regardez un premier tableau, comme à l'habitude. Puis, fermez les yeux et essayez de vous souvenir. Ensuite, regardez « activement » un deuxième tableau en fixant attentivement une partie, puis une autre du tableau. Fermez les yeux, essayez de vous souvenir : comparez alors vos deux souvenirs.

Conclusion : « Musclez vos yeux », cela marche ! Le regard actif fonctionne comme une caméra : filmez lentement en vous servant du zoom !

Faites des associations

Lorsque vous avez une liste de tâches à retenir :

a) *Regroupez-les par similitudes :*

Exemple : regroupez l'achat d'enveloppes avec timbre, puis allez à la poste.

b) *Utilisez des moyens mnémotechniques :*

• Prenez la première lettre de chaque mot à retenir : aller à la **b**anque, chez l'**a**ssureur, puis chez le **g**aragiste donne « BAG ».

c) *Associez une image à un nom, à un prénom :*

• Pour vous souvenir d'un nom, faites des associations :

EXEMPLE : — M. RAMY (pensez au jeu !)

— M. WHITE (pensez à la couleur blanche : white = blanc en anglais)

— M. COBUI (pensez « cowboy »)

— Mme VALÉRIE (comme le prénom de ma fille)

Puis, repensez à cette association quelques instants après, vous l'avez alors inscrite dans votre mémoire.

Fixez-vous des défis

Retenir :
• les 10 numéros les plus usuels pour vous (sécurité sociale, dates de naissances, numéros de comptes…)

Et faites-vous une petite répétition de 5 minutes périodiquement.

Ayez une mémoire « écrite »

Une belle idée vaut de l'or : alors, ayez des feuilles, des blocs-notes dans les endroits « stratégiques » (portefeuille, voiture…) et notez tout de suite l'idée qui vous vient à l'esprit.

GAGNEZ DU TEMPS

Réussissez un entretien (2 personnes)

Il faut pour cela adopter les principes d'une réunion efficace (page 132). A savoir qu'un entretien est indispensable quand un problème est difficile à résoudre par échange de courriers… : « Prenons nos agendas et convenons d'un rendez-vous. »

▶ Principe

• Confirmez la veille à votre interlocuteur par fax ou téléphone avec :
— date, lieu du rendez-vous, plan d'accès (parking), horaires de début et de fin ;
— objectif de l'entretien, thèmes traités.
• Envoyez si nécessaire les documents à l'avance.
• Préparez le dossier la veille (documents, copies des lettres et fax et, si l'entretien a lieu à l'extérieur, plan d'accès, n° tél. de la secrétaire et n° tél. de votre interlocuteur).
• Arrivez systématiquement 15 minutes en avance pour éviter le stress. Ainsi, vous pourrez étudier au calme les documents envoyés, faisant l'objet de l'entretien.
• Si l'interlocuteur n'est pas arrivé 15 minutes après l'heure prévue, appelez sa secrétaire.
• En début d'entretien, rappelez les buts et convenez des horaires en étant si nécessaire souple sur l'heure de fin de réunion.

• Ecoutez activement en reformulant, positivant, avec prise de notes.
• Exprimez franchement vos opinions : d'accord, pas d'accord et pourquoi.
• Recentrez le débat si nécessaire.
• Ne pas oublier qu'un petit schéma vaut mieux qu'un long discours.
• Evoquez un thème à fond avant d'examiner le suivant.
• En fin d'entretien, rappelez les points importants, d'accord, pas d'accord.
• Les reconfirmer par lettre dans les 8 jours.
• Raccompagnez votre interlocuteur.

GAGNEZ DU TEMPS

Téléphonez mieux

Comme tout système de communication (journaux, télévision...), le téléphone peut être la meilleure ou la pire des choses. Nous l'aimons quand il nous fait gagner du temps. Nous le détestons quand nous avons l'impression d'être harcelé et de perdre du temps.

▶ Principes

• **Ayez un téléphone moderne :**

— *à touches* (avec à côté une « check-list » des numéros, à renouveler périodiquement)

— *avec mémorisation des numéros*, transfert, renvois, haut-parleur pour mains libres ou conversation à plusieurs

— *à ligne directe* (famille)

— *avec un résumé mode d'emploi* (placé sous le téléphone).

• **Préparez votre coup de fil** avec les objectifs, points importants à discuter avec la ou les feuilles de projets et toujours un bloc, un stylo et un agenda à côté du téléphone.

• **Pratiquez l'écoute active :** questions, reformulations, conclusions de l'entretien et confirmation par écrit dans les jours qui suivent.

• **Soyez précis :** cela fera gagner du temps à tout le monde. Ne dites pas : *« On se revoit »*, mais dites : *« Je viens vous voir dans dix minutes, d'accord ? »*

• **Positivez :** en évitant les *« Nous sommes en rupture de stocks »* et en préférant les *« Nous en aurons le 12 de ce mois, c'est seulement dans 3 jours. »*

• **Si vous êtes pressé, dites-le :**
— « Je suis désolé, je n'ai que 5 minutes »
— « … Avant de terminer notre conversation… »

• **Toujours une formule de politesse :** puis, venez-en au fait (*« Voici le motif de mon appel »*).

• **N'hésitez pas à demander la confidentialité lorsque c'est nécessaire.**

• **Pour gagner du temps, demandez à parler à la personne qui est responsable** (exemple : responsable du recrutement, du remboursement des soins dentaires, noter son nom et son numéro de poste…).

• **Evitez de téléphoner devant une autre personne.**

• Si vous avez un deuxième poste et que quelqu'un appelle pendant que vous parlez, excusez-vous auprès du premier interlocuteur que vous avez en ligne et revenez vers lui au maximum 30 secondes après.

• Dès le début de la journée, vous avez précisé à votre secrétaire la liste des numéros à appeler et l'heure d'appel :

a. *Quand elle appelle un numéro :*
— elle vous passe l'interlocuteur lui-même, pas la secrétaire ;
— si elle n'arrive pas à avoir la personne, elle convient d'un rendez-vous téléphonique (tel jour, telle heure).

b. *Quand elle reçoit un appel :*
— elle vérifie que vous pouvez prendre l'appel, puis vous le transmet.

c. *Elle traite elle-même les prises de rendez-vous ou écarte les importuns.*

d. *Entre 8 et 9 heures et après 19 heures, certaines secrétaires étant absentes, des sociétés passent par le standard* et vous demandent personnellement : demandez au standard : nom de la société, nom de la personne, numéro de téléphone et le motif de l'appel. Sinon refusez.

GAGNEZ DU TEMPS

Déplacez-vous efficacement

Les déplacements sont bien évidemment de gros consommateurs de temps, c'est pourquoi :

1. Ne vous déplacez que si c'est vraiment nécessaire : c'est-à-dire quand le téléphone, le fax ou le courrier ne peuvent régler le problème.

2. Dans le cas d'un déplacement, est-ce bien à vous d'y aller, ou plutôt à un collaborateur, une secrétaire… ?

3. *Avant le départ*

• Adaptez votre mode de transport aux besoins

— Courtes distances (< 500 km) : préférez le train (moins cher, plus propice au travail) à la voiture ou à l'avion.

• Déléguez la préparation du voyage à votre assistante.

• Evitez les déplacements les jours de ponts, de fêtes légales, de départs en vacances. Réservez à l'avance :

— la chambre d'hôtel (si possible près d'un aéroport) et les moyens de transport ;

— le taxi au départ de chez vous ou du bureau (pas de parking de votre voiture, donc gain de temps).

• Emportez un dossier avec :

— un récapitulatif des déplacements (horaires avec horaires suivants si possible en cas d'avion ou de train ratés) et hébergements (avec photocopie du récapitulatif, destinée à votre conjoint, à vos enfants...);

— la liste de vos rendez-vous avec noms, adresses, téléphones des personnes à voir (ayez les noms et adresses écrites en langue locale avec plans d'accès);

— traveller's et monnaies locales des différents pays visités;

— cartes de visites, cartes d'abonnement (avion, train...), photocopies des passeports, carte d'identité, permis de conduire.

• Porte-costumes et/ou bagage à main (pas d'enregistrement) à roulette, de couleur et avec initiales (évite les confusions).

• **Sur vous :**

— Vérifiez votre check-list de voyage (cf. annexe).

— Si vous souhaitez dormir dans l'avion ou le train, pensez aux masque, boules quiès, coussin pour la nuque.

4. *Pendant le voyage*

• Mangez peu.

• Buvez beaucoup d'eau (1,5 l à 2 l/jour pour éviter la déshydratation), peu d'alcool.

• Pour minimiser les effets du décalage :

— Hypnotique léger.

— Mélatonine.

• Réglez votre montre à l'heure locale.

5. *A l'arrivée*

Si le voyage a été long (+ de 6 heures) et le décalage horaire important : exposez-vous au soleil ou marchez (une heure au moins) dès que possible.

6. *Pour les jours de réunion*
• Confirmez votre rendez-vous le matin ou la veille au soir.
• Dictez une lettre de confirmation et de remerciements après chaque rendez-vous.

7. *La veille du départ*
• Réservez votre taxi et réglez, si possible, votre note d'hôtel.

8. *Le jour du départ*
• Levez-vous le plus tôt possible pour régler votre note d'hôtel (si vous n'avez pas pu le faire la veille) en évitant ainsi la file d'attente, et en étant parmi les premiers à l'aéroport ou à la gare.

9. *Durant le retour*
• Faites le bilan de vos déplacements.
• Classez vos notes de frais.

GAGNEZ DU TEMPS

Ayez un système de courrier efficace

1. Courrier qui arrive (de l'intérieur ou de l'extérieur)

Il pourra être dépouillé puis classé par ordre « important et/ou urgent » dans, par exemple, quatre bacs qui seront sur votre bureau :

— 1er bac : documents « importants peu urgents ».

— 2e bac : documents « importants et urgents » : à traiter (à lire) ce jour puis, s'il s'agit de documents professionnels, redonnez-les avant la fin de la journée à votre secrétaire.

— 3e bac : documents « peu importants, mais urgents » : ces documents seront traités au maximum dans les 5 jours suivant leur réception.

— 4e bac : documents « peu importants peu urgents » : documents à lire le week-end (presse), à classer.

Sur tout sujet professionnel important, exposé oralement (à fortiori entre deux portes !) par un collaborateur, collègue…, demandez systématiquement une **note de synthèse** (1-2 pages).

2. Courrier qui part (notes en interne, lettres en externe…)

a. *Courrier important* (réponses à une note ou lettre)

— Rédigez-le systématiquement.

Sur le fond

- Réfléchissez d'abord aux idées à préciser.
- Rédigez en précisant les objectifs/les moyens.
- Dictez, puis demandez avis à votre secrétaire, ...
- Signez le lendemain : **« la nuit porte conseil »** (pour une correction opportune !).
- Parfois, il est utile de téléphoner afin de compléter son information avant de rédiger.

Sur la forme

- Une page ou deux le plus souvent : une note = une page (en principe texte clair, concis, phrases courtes, retour à la ligne).
- S'il s'agit d'un rapport de plusieurs pages, faites un résumé précis en début de rapport et terminez toujours par un petit mot « gentil » : *« Avec mes remerciements, bien cordialement »*...

b. *Réponse à une note professionnelle moins importante* (d'un collègue)

— Répondez au bas de la note elle-même, datez, signez. Si vous avez demandé des informations complémentaires, une réponse pour une date donnée, votre secrétaire note et relance à la date prévue.

c. *Courrier professionnel standard* (abonnement à une revue, lettre de remerciement...)

— Rédigé par votre secrétaire et signé par elle en P/0 (sauf s'il s'agit d'un VIP).

d. *Pour répondre à une note peu importante*

Vous pouvez aussi utiliser une **carte de visite** (force à la concision).

e. *Ne remerciez pas quelqu'un qui vous remercie.*

GAGNEZ DU TEMPS
Ayez une secrétaire efficace

Il est important d'avoir une bonne secrétaire avec laquelle vous vous réunirez tous les matins pour :
• Une préparation de la journée (rendez-vous, coups de téléphone, réunion...).
• Une revue des événements importants de la semaine.

Votre secrétaire doit :
• Avoir un agenda avec tous vos rendez-vous, réunions en interne et en externe pour être informée sur toute votre activité professionnelle.
• Savoir en permanence où vous joindre (en déplacement, il est bon que vous l'appeliez tous les jours), même en vacances.
• Prendre des rendez-vous de principe qu'elle confirme après vous en avoir parlé (sauf avec quelques VIP pour lesquels vous prenez vous-même les rendez-vous).
• Rédiger la plupart des notes et courriers « standard » pour lesquels vous lui donnez la trame, les points importants.
• Préparer les réunions en interne, en externe, les entretiens.
• Assister aux réunions les plus importantes et rédiger les comptes rendus.
• Connaître tous les dossiers.
• Rédiger une feuille de projet (interne) pour chaque dossier.

• Préparer les déplacements.
• Planifier vos repas d'affaires (réservation, plan d'accès au restaurant avec nom, adresse, téléphone, parking...).
• Avoir la liste des « VIP » à traiter avec « ménagement », et des « gêneurs » à écarter.
• Avoir tous les dossiers confidentiels dans des tiroirs fermés à clefs et un double de vos clefs de bureau.

GAGNEZ DU TEMPS

Ayez une assistante efficace

S'il est important d'avoir une bonne secrétaire, il est capital d'avoir une bonne assistante.

Donc, la première des choses est le recrutement : fait, soit par un chasseur de têtes expert en ce domaine, soit par vous-même mais avec des tests (comment faire un compte rendu, que faites-vous dans telle situation, etc.). Car, que de temps gâché avec une assistante qui ne vous assiste pas !

Par ailleurs, n'oubliez pas que vous faites une équipe avec votre assistante, et cette équipe doit être gagnante : 1 + 1 = 3 !

Pour cela vous devez :

1. **Fixer les règles du jeu à l'avance :** c'est-à-dire lui préciser (comme elle aussi doit vous préciser)

- Qui vous êtes, ce que vous aimez et n'aimez pas.
- Ce qui est important pour vous.
- Vos objectifs professionnels à long, moyen et court terme.
- Vos actions pour pouvoir les atteindre.
- Votre façon de travailler.
- Pourquoi pas, vos points forts et faibles.

2. **Bien lui préciser sa fonction :**

a. *La partie la plus facile :*
— Classement/courrier/réponse au téléphone/accueil visiteur/tenue agenda…
— DISCRÉTION et SECRET (elle ne dira rien !).

b. *Mais surtout la partie la plus délicate : son degré d'autonomie et d'initiative.*
— Laissez-la organiser son travail, ne l'interrompez pas sans cesse. Utilisez-les :
- « sauf avis contraire de ma part, vous pouvez… »
- « réfléchissez comment on pourrait faire pour… »

— Laissez-lui libre accès à tous les dossiers et donnez-lui les outils modernes (ordinateur, fax personnel…).
— Donnez-lui, si possible, la responsabilité d'un projet (journal d'entreprise, boîte à idées…).

3. **Déléguez-lui tout ce que vous ne devez pas faire et qui ressort de son domaine.**

4. **Soyez confidents et complices.**
Elle peut être au courant de beaucoup de choses, vous dire comment vous êtes perçu… Mais pour cela, elle doit connaître le dessous des cartes, les projets d'entreprise, etc.

5. **Faites un BILAN régulier avec elle des actions passées : R/O.**

6. **Ne la court-circuitez pas.**
• N'ayez pas de rendez-vous professionnels ou d'informations importantes qu'elle ignore.
• Ne faites pas le travail à sa place.

7. **Intéressez-vous sincèrement à ses problèmes, à**

son avenir professionnel et aidez-la à les résoudre grâce à un stage sur « comment être une parfaite assistante ».

8. **Motivez-la.**
• Un salaire d'assistante en haut de la fourchette du marché.
• Une action qu'elle a particulièrement réussie, cela vaut bien une matinée accordée de temps à autre, une participation à un congrès à l'étranger.
• Un sourire et des rires échangés.

▶ En un mot

Faites en sorte que, si vous changez d'entreprise, elle vous suive !

GAGNEZ DU TEMPS

Réussissez vos réunions

Elles sont indispensables tant en interne qu'en externe car il est essentiel à certains moments de **mettre les problèmes sur la table** et de les traiter avec **toutes** les personnes concernées.

C'est un moyen privilégié de **débloquer les situations**, d'éviter les conflits, les « non-dits » (bouffeurs pervers de temps). Mais autant une réunion bien préparée et bien tenue est efficace et motivante, autant la réunion où « l'on perd son temps » doit être bannie. Tout est une question, là encore, de préparation et de dosage.

En un mot : pas de « réunionnite aiguë », pas de réunions de « routine » tous les premiers vendredis de chaque mois, mais « toutes les réunions nécessaires, rien que les réunions nécessaires »...

Principes d'une réunion professionnelle

A. *Une secrétaire de réunion*

• Elle envoie à l'avance une note à tous les participants précisant :

— date, lieu, heures de début et de fin, heures de pause

(en insistant sur la nécessité d'être ponctuels, de ne pas être dérangés en réunion et d'avoir son agenda).
— Objectifs de la réunion.
— Ordre du jour avec la liste de tous les sujets traités et pour chaque sujet :
  – heure de début et de fin,
  – nom des intervenants.
— Les documents nécessaires à étudier avant.

• Elle est responsable de la préparation de la salle : table en U pour que tous les participants puissent se voir, rétroprojecteur (lampes de rechange), flèche lumineuse/transparents (avec feutres spéciaux), paper-board, feutres ordinaires ; si nécessaire, carton placé devant chaque correspondant et mentionnant son nom.

• Elle prend le compte rendu de la réunion, le contrôle et l'envoie au maximum 8 jours après à tous les participants.

B. *Un animateur de la réunion*

▶ Principes

• Il rappelle les objectifs.
• Il fait respecter les différents horaires prévus et les pauses toutes les 1 h 30.
• Il pratique et fait pratiquer une écoute **active** en reformulant, encourageant, positivant, pour être sûr que tout le monde a bien compris la même chose.
• Il s'assure, en pratiquant des tours de table, que chacun parle franchement, s'implique, dit oui ou non en expliquant pourquoi (il existe des spécialistes de la reformulation qui parlent pour ne rien dire).
• Pas d'aparté, pas d'interruption de quelqu'un qui parle, pas d'agressivité, pas de critiques systématiques, pas de digressions.

• Il fait recentrer le débat sur les sujets évoqués.
• Il met à l'aise, détend l'atmosphère.
• Il s'assure qu'un thème a été correctement abordé en s'efforçant d'arriver à une conclusion, une décision, avant de passer au thème suivant.
• Il fait progresser le débat en faisant des synthèses sur les points importants de chaque sujet évoqué.
• A la fin de la réunion, il fait une synthèse globale avec rappel de tous les points d'accord et de désaccord.
• Il fixe si nécessaire un prochain rendez-vous.

GAGNEZ DU TEMPS

Soyez bien physiquement

Avec des règles simples, on peut effectivement être plus en forme et faire mieux dans le même laps de temps.

Bilan de santé

Il est indispensable de faire un bilan de santé :

• *Avant 50 ans :* — Tous les 3 ans (sauf le gynécologue et le dentiste, une fois par an, à partir de 40 ans).

• *Après 50 ans :* — Tous les ans, avec rendez-vous chez dentiste, ophtalmologiste, cardiologue (avec électrocardiogramme d'effort si on a des antécédents familiaux de problèmes cardiaques), gynécologue, urologue.

— 1 fois par an, un examen de sang (sucre), d'urine, des selles (si antécédents familiaux de polype ou de cancer du côlon).

Ne fumez plus !

Le tabac a un rôle évident dans l'apparition de certains types de cancer (poumons…) ou de bronchites.

Décidez d'arrêter une bonne fois pour toutes, en :
• Vous faisant aider par des spécialistes (consultation antitabac, acupuncture, timbre, homéopathie…), conjoint ou amis.
• Choisissant une période propice (vacances).
• Prenant des « substituts » (pastilles, chewing-gum…) et des anxiolytiques légers pendant une courte période.

Faites du sport régulièrement

Le sport, celui que l'on a plaisir à faire d'une manière détendue, non stressante (au-delà de 50 ans, éviter les compétitions !), à l'air libre, type jogging, natation, ski de fond, cyclisme…, doit être pratiqué de façon régulière, 30 minutes à 1 heure, si possible : 1 à 3 fois par semaine : en vous échauffant progressivement 10 minutes avant l'activité proprement dite, sans jamais forcer, et en récupérant 10 minutes après l'effort.

Si vous voulez améliorer vos performances, faites un tableau de progression en vous fixant des objectifs raisonnables.

Si vous ne pouvez pas faire du sport

• Marchez régulièrement, 1 heure au moins par semaine en forêt, dans un parc, en respirant régulièrement, en « découvrant » (les arbres, les fleurs...).
• Supprimez l'ascenseur et montez les marches 2 par 2 !
• Tous les matins, faites 5 à 10' de gymnastique avec étirements.

Manger moins, mieux et à heures fixes

1. **Moins :**
— *Moins de graisses :* moins de sauces, moins de frites. Un repas de viande maximum par jour et plus de poisson (> 2 fois/semaine), de fruits et de légumes.
— *Moins de sucres :* évitez les boissons fruitées...
— *Moins de sel :* utilisez d'autres épices.
— *Moins d'alcool :* 2 verres de vin/jour suffisent.

2. **Plus d'eau plate :** 1 litre et demi à 2 litres par jour, soit 8 verres
— 2 le matin <u>à jeun</u>.
— 2 le midi <u>avant</u> le repas.
— 2 dans l'après-midi.
— 2 le soir <u>avant</u> le repas.

3. **Plus au petit déjeuner : « repas de prince »**
C'est le vrai repas du jour. Levez-vous 15 minutes plus tôt et attendez 15 minutes avant de prendre votre

petit déjeuner : prenez votre temps, pour déguster des céréales, des fruits pressés, du thé à la place du café.

4. **Moins au déjeuner :** Ne prenez qu'un seul plat.

5. **Peu au dîner : « repas de gueux »**
- Un dîner léger vous facilitera le sommeil.
- Evitez de vous coucher tout de suite après le dîner.

Dormez mieux !

a. *Êtes-vous du matin ou du soir ? — Repérez votre cycle d'énergie.*

Que vous soyez « du matin » (lever 6 h - coucher 22 h : période maximale d'efficacité 8 h/11 h - 16 h/19 h) ou du soir (lever 8 h - coucher 24 h : période maximale d'efficacité 11 h/14 h - 19 h/24 h), conformez-vous à votre rythme biologique !

b. *Préparez-vous physiquement et psychologiquement :*
- Dîner léger.
- Pas d'excitants (café, thé, tabac...) ni d'hypnotiques.
- Evitez les conflits, les émissions violentes (T.V., cinéma...).
- Prenez une tisane, une pomme.
- Un bon bain chaud.
- Un bon livre de chevet.
- Une chambre fraîche, calme et sombre.
- Des boules quiès peuvent être utiles !

c. *N'oubliez pas :*
• Le meilleur sommeil débute entre 22 h et 24 h : dans cette période les heures comptent double.
• Dès que vos paupières se ferment et que votre tête s'incline, c'est votre **1er train de sommeil !** — Prenez-le. Fermez votre livre et dormez !

d. *Couchez-vous et levez-vous à heures fixes.*

e. *Si vous devez veiller tard, une sieste d'une heure vers 18-19 h vous permettra de tenir !*

f. *Levez-vous plus tôt :* 15' par exemple.
Toutes les études le montrent, nous sommes plus efficaces le matin.
— « Oui, mais moi je suis du soir. »
⇓
— « Êtes-vous sûr de ne pas être dans un cycle couche tard / lève tard ? »

Vous pouvez, de toute façon, moduler, alors décalez légèrement ce cycle à l'avance. Vous verrez, cela marche. Vous serez étonné du résultat !

g. *Eliminez les soi-disant « Méthodes pour apprendre en dormant » :* le sommeil est fait pour dormir.

h. *Si vous êtes fatigué dans la journée :* récupérez. Dormez ! Ne serait-ce que 30'-45' au calme. Ayez le plus souvent possible avec vous la triade : des boules quiès, un masque et un coussin pour la nuque : cela ne prend pas de place et c'est très pratique !

i. Le matin, prenez le temps de vous étirer avant de vous lever et d'être au calme, sans radio ni télévision.

En semaine, prenez une douche tiède puis fraîche, plutôt qu'un bain (gain de temps).

Résistez au stress !

Sans vouloir éliminer le stress, il faut augmenter votre capacité à lui résister. Le sport, manger et dormir mieux, moins de tabac vous y aideront. Par ailleurs, menez le plus possible une vie régulière, avec des horaires fixes (repas, sport, sommeil), des plages fixes de détente (pause indispensable le midi) et un jour par semaine au moins sans travail professionnel. De plus, des vacances bien réparties dans l'année, cycles de 2 à 3 semaines, sont préférables à des vacances longues et continues (5 semaines de suite).

Si le stress devient très problématique pour vous, consultez un spécialiste antistress (hôpital BROUSSAIS).

Enfin, 3 des meilleurs moyens de résister au stress sont :

1. **Le rire :** pour cela prévoyez…
• des repas réguliers avec de bons copains,
• une pièce ou un film comique une fois tous les deux mois,
• un livre humoristique,
• de bonnes blagues à raconter…

2. **Diminuez les facteurs d'agression** (TV, radio…)
Banissez la violence à la TV. Résistez à l'envahissement de la publicité. Choisissez vos programmes et

enregistrez-les pour lire un bon roman policier ou vous coucher plus tôt.

3. **Reprenez une activité que vous aviez arrêtée et qui vous faisait plaisir** (piano, yoga, danse…)

4. **Habituez-vous à faire une chose à la fois**
Manger en famille, sans écouter la radio ni regarder la télévision.

Regarder la télévision sans lire le journal.

Parler ou écouter sans lire le journal ou regarder la télévision par exemple, **car une activité tue l'autre** ! Vous croyez gagner du temps, mais vous en perdez.

Qu'avez-vous fait de votre vie ?

Réfléchissez sur ce que vous avez fait jusqu'à présent de votre vie : quels en ont été les événements marquants professionnels ?

Evénements marquants de ma vie professionnelle

-
-
-
-
-
-
-
-
-
-
-

— Est-ce la vie que vous vouliez « vivre » ?
— Voulez-vous qu'elle continue ainsi ou qu'elle change ?
— Qu'allez-vous faire du reste de votre vie ?

C'est maintenant le moment que vous fassiez une synthèse en écrivant, si possible, vos cinq objectifs principaux et les actions que vous allez entreprendre pour les atteindre.

- **Mes cinq objectifs principaux**

	Long terme	Moyen terme	Court terme
1			
2			
3			
4			
5			

- **Les cinq actions (que je faisais) et que je vais désormais déléguer**

	QUOI	À QUI ?	QUAND	Pour faire quoi d'autre ?
1				
2				
3				
4				
5				

• Les cinq actions que je faisais et que je vais continuer de faire en les améliorant (écoute, téléphone, classement...)

	QUOI ?	COMMENT ?	QUAND ?
1			
2			
3			
4			
5			

• Les cinq actions que je faisais et que je vais supprimer

	QUOI ?	COMMENT ?	QUAND ?
1			
2			
3			
4			
5			

Et je me fixe comme objectif de gagner … minutes par jour, ce, dès le .. /.. /....

Conclusion

Si, jusqu'à ce moment de votre vie, vous avez été dans le clan des : *« Si seulement j'avais le temps ! »*, dites-vous qu'il n'est jamais trop tard !

Puisque vous évoluez nécessairement dans votre vie, vous pouvez, sans devenir quelqu'un d'autre, accélérer votre évolution en anticipant sur l'important, en déléguant, en sachant dire non, en décidant, en tenant vos promesses… Dans les 10, 20, 30, 40 années à venir, vous pouvez faire énormément de choses, réaliser vos projets importants.

Pour être ce que vous êtes vraiment, apprenez à chasser la superficialité des choses et à contrer la dictature du temps !

Faites le « grand soir » dans votre tête, en décidant **maintenant** que le temps devienne votre meilleur ami et que vous soyez donc votre meilleur ami.

Pour le premier jour du reste de votre vie, donnez-vous le temps d'avoir du temps.

ANNEXES

ANNEXE N° 1

Des abréviations pour gagner du temps

APM	après-midi	**Int.**	Interne.
ASAP	dès que possible (as soon as possible).	**Inv.**	Investissement.
↗	augmenter.	**<**	Inférieur à.
CAD	c'est-à-dire.	**LT.**	Long terme.
CC	copie conforme.	**m.**	Même.
CF	Confer.	**MAJ.**	Mise à jour.
CR	Compte rendu.	**MT.**	Moyen terme.
CT	Court terme.	**NRP.**	Ne répond pas.
CQFD.	Ce qu'il fallait dire.	**NSP.**	Ne sait pas.
Déj.	Déjeuner.	**Obj.**	Objectif.
Doc.	Document.	**ODJ.**	Ordre du jour.
DQPS.	Dès que possible.	**OK.**	D'accord.
≠	Différent.	**Pb.**	Problème.
↘	Diminue.	**PI.**	Pour information.
DPT.	Département.	**PJ.**	Pièce jointe.
Ex.	Exemple.	**PO.**	Pour ordre.
Ext.	Externe.	**PRI.**	Prix de revient industriel.
DVP.	Développement.	**PS.**	Post scriptum.

QQOQCCP	Qui, Quand, Où, Quoi, Combien, Comment, Pourquoi.	**Svt.**	Souvent.
RAR.	Recommandé avec accusé de réception.	**>**	Supérieur à.
RAS.	Rien à signaler.	**TDB.**	Tableau de bord.
RDV.	Rendez-vous.	**Tjs.**	Toujours.
Réa.	Réalisé.	**TLJ.**	Tous les jours.
R/O.	Réalisé par rapport à l'objectif.	**TT.**	Tout.
Réf.	Référence.	**VIP.**	Personne très importante *(Very important person)*.
RIB.	Relevé d'identité bancaire	**W.**	Travail.
SS.	Sans.	**WE.**	Week-end.

ANNEXE N° 2

« Check-list » de voyage

L'indispensable, par ordre de priorité décroissante

• Passeport (carte d'identité) avec visas, billets (avion, train...), permis de conduire, carte de groupe sanguin et d'assurance sociale... avec photocopie de ces documents.

• *Médicaments indispensables :*
— en cas de maladie (angine de poitrine, diabète...)
— antipaludéens, hypnotiques,

• vaccinations à jour (carnet de vaccination)...

• 2e paire de lunettes ou de lentilles, lunettes de soleil.

• Devises, traveller's chèques...

• Cartes de crédit, cartes de visite, agenda, documents d'assistance rapatriement.

• Etui intérieur (argent, pièces d'identité...) à glisser sous les vêtements.

• Dossier professionnel (voir déplacement professionnel page 122).

L'utile

- Pour quelques jours de voyage : une petite valise porte-habits (sur roulettes) et/ou un sac en évitant de les enregistrer.
- Caméra avec chargeur, appareil photo, films, piles de rechange et factures d'achat.
- Téléphone portable.
- Prise américaine (pour le 110 V).
- Guide et carte du pays.
- Masque, boules quiès, coussin pour la nuque.
- Crème solaire haute protection, maillot de bain, coupe-vent, jogging.
- Lampe, sèche-cheveux, fer à repasser, réveil, de petites dimensions.
- Petite enveloppe pour justificatif de frais.

ANNEXE N° 3

Exemple d'une journée professionnelle au bureau
Tableau des répartitions des tâches

(Lundi 25 mars)

Horaires \ Thèmes	1 Anticipation Planification BILAN	2 Déplacements	3 Etudes	4 Interruptions	5 Lecture	6 Rédactions	7 Repas
7 h 00 à 8 h 00	45'						
8 h 00 à 9 h 00				15'		30'	15'
9 h 00 à 10 h 00			20'				
10 h 00 à 11 h 00			30'	10'			
11 h 00 à 12 h 00			40'			20'	
12 h 00 à 13 h 00							30'
13 h 00 à 14 h 00							60'
14 h 00 à 15 h 00							
15 h 00 à 16 h 00				10'			
16 h 00 à 17 h 00							
17 h 00 à 18 h 00							
18 h 00 à 19 h 00	30'				30'		
19 h 00 à 20 h 00		25'					
20 h 00 à 21 h 00							
TOTAL :	1 h 15'	25'	1 h 30'	35'	30'	50'	1 h 45'

1 = Temps passé à réfléchir, se fixer ses objectifs, lister les actions, les hiérarchiser, faire le bilan en fin de journée.

2 = Déplacements : domicile / travail / domicile, ainsi que voyages professionnels.

3 = Etudes de projets, notes, contrats...

4 = Coups de téléphone et visites imprévues.

Thèmes / Horaires	8 Réunions	9 Secrétaire	Téléphone	Autre
7 h 00 à 8 h 00				
8 h 00 à 9 h 00				
9 h 00 à 10 h 00		40'		
10 h 00 à 11 h 00			20'	
11 h 00 à 12 h 00				
12 h 00 à 13 h 00			30'	PAUSE
13 h 00 à 14 h 00				
14 h 00 à 15 h 00	60'			
15 h 00 à 16 h 00	30'	20'		
16 h 00 à 17 h 00	30'		30'	
17 h 00 à 18 h 00	50'		10'	
18 h 00 à 19 h 00				
19 h 00 à 20 h 00				
20 h 00 à 21 h 00				
TOTAL :	2 h 50'	1 h	1 h 30'	

5 = Lectures de revues professionnelles (quotidiens, hebdomadaires, mensuels...).

6 = Rédactions de contrats, courriers, lettres, projets...

7 = Repas professionnel (sur le lieu de travail ou au-dehors).

8 = Au bureau ou à l'extérieur, y compris les réunions à 2-3 personnes.

9 = Temps passé avec la secrétaire à planifier, dicter du courrier...

Récapitulatif sur la semaine du 12 avril au 19 avril

Thèmes / Jours	Anticipation Planification BILAN	Déplacements	Etudes	Interruption	Lectures	Rédactions
Lundi 25	-	1 h 40'	1 h 30'	35'	30'	50'
Mardi 26	-	1 h 50'	2 h 10'	20'	50'	1 h 20'
Mercredi 27	-	1 h 35'	1 h 20'	50'	25'	30'
Jeudi 28	-	1 h 55'	2 h 05'	15'	10'	35'
Vendredi 29	-	2 h 05'	2 h 15'	20'	50'	25'
Samedi 30						
Dimanche 1er						
TOTAL :	0	**9 h 05**	**9 h 20'**	**2 h 20'**	**2 h 45'**	**3 h 40'**
• % du temps d'activité hebdomadaire.	0	18,4	18,7	4,4	5	6,9
• **Votre avis**.	A faire.	Trop élevé.	Correct.	A réduire.	Correct.	Correct.
• **Vos premières décisions.**	Consacrer 30' / jour soit 2 h 30 /semaine.	Partir plus tôt, gagner 10'/jour soit 50'/semaine.		Essayer de gagner 1 h par semaine.		

Thèmes / Jours	Repas	Réunions	Secrétaire	Téléphone	Autre	TOTAL
Lundi 25	1 h 45'	2 h 50'	1 h	1 h 30	-	**12 h 10'**
Mardi 26	45'	2 h 05'	30'	50'	-	**10 h 40'**
Mercredi 27	1 h	1 h 20'	40'	1 h 10'	-	**8 h 50'**
Jeudi 28	1 h 05'	1 h 10'	35'	30'	-	**8 h 20'**
Vendredi 29	1 h 20'	40'	50'	45'	-	**9 h 30'**
Samedi 30	-	-	-	-	-	-
Dimanche 1er	-	-	-	-	-	-
TOTAL	**5 h 55'**	**8 h 05'**	**3 h 35'**	**4 h 45'**	-	**49 h 30'**
• % du temps d'activité hebdomadaire.	11,3	16,3	6,8	8,9	-	
• **Votre avis.**	A réduire	A réduire.	Correct.	A réduire.	-	
• **Vos premières décisions.**	Gagner 10' par repas et 50' par semaine.	Gagner 10' par réunion.		Gagner 5' par jour et 25' par semaine.	-	

La semaine peut comprendre 5, 6 ou 7 jours selon le type d'activité. S'il s'agit d'une activité type salarié, du lundi au vendredi, il ne faut pas y inclure une journée exceptionnelle de travail un samedi ou un dimanche (exemple de participation un week-end à un congrès…).

Bibliographie

1. COCHEREL **Michel :** « Maîtriser son temps » - Entreprise moderne d'édition.

2. COUCHAERE **Marie-José :** « Comment manager son temps et son énergie » - E.S.F (1990).

3. R. COVEY **Stephen :** « Les sept habitudes de ceux qui réalisent tout ce qu'ils entreprennent » - First-Business (1989).

4. CRUELLAS BENAYOUN **:** « Le temps : mode d'emploi » - E.S.F-E.M.F. (1986).

5. DUFOURMATELLE **Pierre :** « La dimension temps » - Editions d'Organisation (1986).

6. HAYNES **Marion E. :** « L'art de manager son temps » - Les presses du Management (1994).

7. HOBBS **Charles :** « Organisez votre temps, maîtrisez votre vie » - Businessmann/First (1987).

8. GAMONNET **François :** « Savoir mieux gérer son temps » - Editions d'Organisation (1982).

9. MORTEMARD DE BOISSE **Jérôme et** PIERRE NICOLAS **:** « La gestion du temps » - Editions d'Organisation (1984)

10. PIGANI **Eric :** « L'art de gérer son temps » - De Vecchi Poche.

11. RAY **Josephs :** « Gagner 1 heure par jour » - Dunod (1994).

12. SEIWERT **Lothar J. :** « Maîtriser son temps » - Editions d'Organisation (1987)

13. SERVAN SCHREIBER **Jean-Louis :** « L'art du temps » - Hachette (1982).

14. SMITH **Hyrum W. :** « Mes valeurs, mon temps, ma vie ! » - Un monde différent (1994).

15. VERTADIER **Alain :** « Gérez votre temps » - Chotard.

1944

IMPRIMÉ EN FRANCE PAR BRODARD ET TAUPIN
6371U-5 - Usine de La Flèche (Sarthe), le 21-08-1998.

pour le compte des
Nouvelles Éditions Marabout
D.L. septembre 1998/0099/244
ISBN : 2-501-03061-3